불편한 편의점 북투어

추천의 글

이 책은 여행기, 창업기, K-문학 해외 진출 실전 매뉴얼, 책이라는 무대 뒤편에서 벌어지는 실무 생중계, 새로운 인생을 개척하는 한 사람의 성장기 등등, 여러 장르를 망라한다. 각각의 장르로서도 너무나 훌륭한데, 이 모든 이야기가 아주 자연스럽고 맛깔나게 어우러져 읽는 동안 재미없는 장이 단 한 장도 없었다. 문학적이면서도 실용적이고, 개인적이면서도 모두의 이야기인 책. 하지만 무엇보다 나에게 이 책은 뜨거운 사랑 이야기였다. 책으로 이어진 사람들이 성실하게 사랑을 주고 또 성실하게 그 사랑을 받는 모습들 속에서 책이 품은 선량한 힘을 이토록 유려하고 뭉클하게 증명하는 에세이는 없었다. 그리고 이 모든 것은 오직 남달리 섬세한 감지자인 김미쇼가 있었기에 가능했다. 사랑이 아무리 그 자리에 머물더라도 그걸 발견하는 눈이 없다면 그냥 휘발되어 사라지기 때문이다. 그가 아무나 못 들을 사랑의 주파수를 어김없이 잡아내고, 눈치채기 힘들 타인의 사소한 선의까지 살피고 읽어낼 때마다 정말 번번이 감탄했다. 그것들을 이렇게 마구 웃기면서도 일견 정중한 글로 써낸 것에도. '북 프로모터'라는 존재하지 않던 길을 존재하는 사랑 하나로 뚫어낸 것에도. 이런 멋진 행동과 에세이스트를 발견해서 무척 기쁘다. 부디 하루빨리 후속편으로 다시 만나기를! 정말 열렬히 기다리겠다.

김혼비 (작가, 『다정소감』 『전국축제자랑』)

차례

추천의 글   4

CHECK IN : 『불편한 편의점』이라는 책의 여행   9

01. 폭포의 시작   15
02. 북 투어의 첫 페이지, 목포   30
03. WE＋ME, 벚꽃의 약속   41
04. 한 도시 한 책, 올해의 책   53
05. 정선의 단풍   63
06. 태풍과 북 투어(feat. 힌남노)   74
07. 단 한 번의 편의점 북 토크   83
08. 대만 최고의 야시장은 24시간 서점   89

인터뷰 1 **추율리** | 대만 솔로 프레스 편집자   104

09. 어서 와! 잠실 주경기장은 처음이지?   110
10. 독고 씨의 불편한 방콕 상점   123
11. 시에나, 천년 고도의 초대   138

| 인터뷰 2 | 이구용 | KL매니지먼트 대표 | 151 |

12. ALWAYS편의점이 된 학교 도서관　　　　　156

13. 북 투어의 기쁨과 슬픔　　　　　　　　　168

14. 이 구역의 MAD는 나야!　　　　　　　　179

| 인터뷰 3 | 김숙겸 | 주스페인한국문화원 실무관 | 203

15. 로마의 퀵 런치, 밀라노의 인터뷰 무한 루프　　210

| 인터뷰 4 | 마리아그라치아 마치텔리 | 이탈리아 살라니 에디토레 편집총괄 | 231

16. 오랜 책 친구, BOOK BY BOOK　　　　　236

17. 오폴레에서 날아온 초대장　　　　　　　247

| 인터뷰 5 | 얀 헨릭 디륵스 | 한국문학 독일어 번역가 | 266

18. 별들이 소곤대는 홍콩의 밤과 낮　　　　272

CHECK OUT: 『불편한 편의점』과 지구 반 바퀴　　291

감사의 말　　　　　　　　　　　　　　　297
편편 북 투어 지도　　　　　　　　　　　　298

CHECK IN

『불편한 편의점』이라는 책의 여행

　이 기록을 책의 여행으로도 볼 수 있다면, 『불편한 편의점』은 이미 많은 도시를 지나온 여행자입니다.
　인사드립니다. 저는 그 여정에 체크인한 북 프로모터, 김미쇼입니다.*
　북 투어의 진행자인 저는 20여 년간 뮤직 비즈니스 업계에서 음반·공연 기획, 아티스트 프로모션 일을 했고, 다양한 매체에 음악 관련 글을 쓰는 기고가로도 활동했습니다. 건강상

* 미쇼: 소리 없이 빙긋 웃는 모양이라는 뜻을 가진 '미소하다'의 옛말.

의 문제 등으로 엔터테인먼트 업계를 떠났던 제가 2021년 여름부터 김호연 작가와 『불편한 편의점』의 여행에 합류해 지금까지 함께하고 있습니다. '북 투어'의 진행자이자 목격자인 '북 프로모터'라는 새로운 길을 걷게 된 것입니다.

2021년 출간된 『불편한 편의점』은 그해 전국 각지에서 '올해의 책'으로 선정되었습니다. 이후 27개국에 출판권을 수출했고 그중 15개 언어로 출간을 마쳤습니다. 초기에는 아시아를 중심으로 소개되었지만 점차 범위가 넓어져 유럽과 남미로도 진출했습니다. 2025년 6월에는 미국과 영국, 덴마크, 리투아니아에서 번역판이 출간됩니다.*

무명작가를 밀리언셀러 작가로 만든 건 오직 '독자들의 힘'(아직까지 이 의견 외에 납득할 만한 주장은 없네요. 출판계 난제 중의 하나!)이었습니다. 170만 독자들이 종이책으로 『불편한 편의점』 시리즈를 선택했다는 것, 책을 읽은 후의 감상을 타인과 공유하는 플랫폼에 글자로 남긴다는 것, 한 걸음 더 나아가 작가를 만나기 위해 기꺼이 자신의 시간을 내어 줄을 서서 기다리고 작가의 얘기를 경청한다는 것. 참으로 숭고한 일입

● 2024년 12월 기준 아시아와 영미, 유럽, 아랍 등 다양한 언어권에서 27개국과 출판 계약을 맺었다. 가장 최근 계약을 마친 국가는 우크라이나다.

니다.

우리는 이런 독자들께 고맙다는 말을 드리기 위해 전국 각지로 떠나기 시작했고, 어느 순간부터는 해외 독자들도 만나며 '불편한 편의점 북 투어'라 불리는 이 여정을 펼쳐나가고 있습니다.

북 투어 현장에서는 믿기 어려운 일들이 매일같이 벌어졌습니다. 『불편한 편의점』과 김호연 작가를 찾아온 독자들, 감상을 꾹꾹 눌러 적은 독후감을 건네거나 교과서에 뒤지지 않을 만큼 책 곳곳 밑줄을 긋고 메모한 사람들, 번뜩이는 질문을 준비해 온 학생들, 이 책을 통해 위로받았다고 한국어로 말하는 외국 사람들. 이런 모든 순간들이 우리를 다음 여정으로 이끄는 원동력이 되어주었습니다.

저는 그 모든 영광과 고난을 김호연 작가와 함께 나눈, 북 투어의 기획자이자 또한 그의 동거인으로서 그 순간들을 기록으로 남기고자 노력했습니다.

김호연 작가는 누구의 부름도 받지 못하고 아무도 찾아주지 않던 시간들을 여전히 기억합니다.

이제 우리는 불러만 준다면 독도까지라도 진군해 북 투어를 완수할 것이고, 그것이 북 프로모터로서 제게 부여된 사명이기도 합니다.

> 'La asombrosa tienda de la señora Yeom', literatura coreana con afán de salvar la humanidad —Pilar Martín
>
> '불편한 편의점', 인류를 살리고자 하는 열망을 담은 한국문학 —필라르 마르틴

2024년 초, 김호연 작가가 스페인 현지 언론과 인터뷰를 가진 뒤 나온 한 기사의 제목입니다. 스페인에서는 이 책의 제목이 『염 여사의 경이로운 상점』으로 번역되었는데, 이는 스페인에 우리와 같은 24시간 편의점 혹은 유사한 상점문화가 없기 때문이지요. 그럼에도 불구하고 기사의 제목과 내용처럼, 스페인의 기자 또한 이 책을 우리와 같은 관점으로 읽고 이해했다는 점은 주목할 만합니다.

그동안 많은 한국 소설이 세계 시장에 진출해 좋은 성과를 내왔습니다. 지금도 세계 곳곳에서 한국 작가들이 의미 있는 상을 수상하는 것은 물론 그들의 빛나는 작품이 현지 독자들과 만나고 있습니다. 이처럼 한국 작가들의 세계 진출이 본격화되어 국내외로 북 투어를 다니지만, 그 실제적인 과정을 기록한 책은 좀처럼 찾아보기 어렵습니다. 제가 이 책을 쓰게 된 이유이기도 합니다.

한국에서 북 프로모터라는 직업은 여전히 낯설고 유사한 사례도 없어 조언을 구할 수도, 마땅히 도움을 받을 곳도 없었습니다. 지금 이 글을 쓰는 순간에도 저는 작가를 도와 북 프로모션을 배우며 북 투어 중입니다. 이렇게 『불편한 편의점』과 함께 성장해가는 저의 이야기가 한국문학의 세계 진출에 조금이나마 일조하기를, 가치 있게 쓰이기를 진심으로 바라봅니다.

『불편한 편의점 북투어』는 '책의 여행'이자 '작가의 여행'이며 제가 만난 모든 '독자의 여행'입니다. 또한 초보 북 프로모터 김미쇼의 여행이기도 합니다. 이 여행의 기록은 다시 한번 독자와 책의 매개체가 될 것입니다. 그러니까 이 책은 독자 여러분과 함께하는 조금은 특별한 '투어 버스'인 셈입니다.

부디 이 여행이 흥미진진하기를,
북 프로모터로서의 저의 경험이 누군가에게 영감이 되기를,
오늘도 소망하며 뚜벅뚜벅 나아가겠습니다.

01.
폭포의 시작

인생은 문제 해결의 연속이다.

—『불편한 편의점』, 134쪽

인생 2막 논쟁

잘하는 것과 하고 싶은 것, 해내야만 하는 것, 세 가지 갈림길에서 늘 방황했다. 아마도 실패가 두려웠기 때문인지도 모르겠다. 엔터테인먼트 업계에 오래 종사하다 보니 시작하기도 전에 재보고 따지고 결과를 예측한 뒤 효율이 확실해 보일 때만 움직이게 되었다.

시나리오 작가 지망생 주제에, 뭘 재보고 따진단 말인가? 일단 뭐라도 써야지!

매일 되새기지만 결코 쉬운 일이 아니었다.

뮤지션을 발굴하고 음반과 공연을 기획하고 제작하던 기획자에서 창작자로의 전환이었다. 그간 내가 써온 글은 A4 용지 2장에서 5장 분량의 음반이나 공연 소개 글, 뮤지션 인터뷰, 공연 취재기가 다였다. 그래도 20년간 매주 한 편 이상의 글을 썼으니 그것도 나름대로 단련이라 착각했던 것이다. 하지만 음악 씬을 떠나 영화계에서 시나리오 작가로 인생 2막을 열기엔 턱없이 부족했다.

운 좋게 공동 집필한 시나리오 한 편이 제작자의 눈에 띄어 팔리기는 했지만, 가뜩이나 코로나19로 위축된 영화계인지라 신인 작가가 설 자리는 없었다. 고민하던 와중 도전한 것이 '2021 경기 스토리작가 창작소' 입주 작가 공모전이었다.

6개월 동안 파주출판단지 안에서 글만 쓰며 지낼 수 있는 집필 공간, 영화감독과 제작자의 코칭을 받는 안정적인 창작 지원 시스템. 그야말로 가슴 뛰는 조건들로 가득했다.

마음속으로는 이미 최종 선발 작가로 김칫국 한 사발을 파워 드링킹한 뒤, 지원작 『부엔까미노』를 마지막까지 매만졌다. 그리고 마침내 '접수 완료' 버튼을 눌렀다.

그때 휴대폰이 울렸다. 김호연 작가였다(이후 김호연 작가는 'K'로 지칭).

K는 평소 곰처럼 듬직하고 조용한 말투였는데, 목소리가 심상치 않게 흔들리고 있었다. 무슨 일인지 묻는 내게 그는 오

늘 받은 몇몇 메일에 대해 하소연했다. 그의 말에 공감하고 때론 대신 화를 내주며 묵묵히 이야기를 들었다. 작가와의 만남 요청과 청탁 메일들이 점점 느는 와중에 꼭 그만큼이나 이해하기 어려운 다양한 방식의 연락이 K를 강타하는 중이었다.

강연 섭외 메일에 날짜나 시간을 못 박거나('이때 반드시 와주셔야 한다'류), 도무지 업무 메일이라 여겨지지 않거나('제가 팬이니까 와주실 거죠? ㅋㅋ'류), 자세한 요구 사항에 반해 강연료 언급은 전혀 없거나, 이 모든 게 콤보로 결합된 메일도 다수였다.

원고와 시나리오 청탁 역시 그를 힘들게 하는 건 마찬가지. 다짜고짜 일단 만나자거나('만나서 차기작에 대해……'류), 현재 준비 중인 자기네 출판사 기획작에 몇 월 며칠까지 원고를 보내라거나('주제가 작가님 성향과 딱이다'류), 우리 대표가 K와 아는 사이라고 하니 사무실로 오라거나…… 모두 그의 상황은 고려치 않은 요청이었다.

그는 이런 메일에 친절하게 거절의 답을 하느라 일과의 반 이상을 쓰고 있었고, 안타깝게도 거절에 대한 답 메일에 다시 또 답하느라 남은 일과의 반마저 할애하는 중이었다.

원체 거절에 익숙지 않았고, 친절한 거절 역시 어려웠기에, K는 작품을 고민해야 할 시간에 거절 메일 쓰기를 고민하는 처지가 된 것이었다.

터져버린 그의 하소연을 다 들은 뒤 나는 한마디 했다.

"내게 맡겨. 창구를 통일하자. '김호연 작가'는 이제 매니저가 필요해."

하지만 K는 자신이 연예인도 아닌데 무슨 매니저냐며 난색을 표했다. 앞으로 이 같은 연락이 늘 것이 뻔히 보여 걱정을 담아 이야기했지만, 당시의 K는 그 심각성을 받아들이지 못했다.

이후로도 섭외와 청탁은 쉼 없이 이어졌다.

도서관, 학교, 지자체, 미디어, 정치인, 유튜브 채널, 영화사와 드라마 제작사까지 각기 다른 통로로 K에게 연락을 취해왔다. 과거 인연으로 마지못해 나간 자리에서는 여지없이 무리한 청탁과 협업 제안을 받았고, 급기야 술에 취한 건지 스트레스에 취한 건지 구분할 수 없는 상태로 귀가하기에 이르렀다.

어느 순간이 되자 K는 전화벨이 울릴까 불안해했고, 마지못해 전화를 받고 나서도 괴로워했다.

나는 설득을 이어갔다.

"정신적 스트레스가 너무 커. 어디 메일뿐이야? 이제 계약도 하고 정산도 하고 할 일이 많을 텐데…… 내가 할게. 김호연 작가의 매니저."

그는 머뭇거리다 말했다.

"당신을 힘들게 했던 매니지먼트 일을 다시 하게 할 수는 없어. 그리고 우리 둘 같이 일하는 게 서로 힘들 수도 있고."

"괜찮아. 음악 일처럼 무거운 장비 들고 다닐 일도 없잖아."

"작가로 인생 2막 열자 해놓고 예전 일로 돌아가는 것도 아닌 거 같고. 글쓰기에 이제 적응하고 있었잖아. 안 그만뒀으면 좋겠네."

"작가는 나중에라도 재도전할 수 있지만, '김호연 매니저'는 당장 필요하거든."

"언제는 글 쓰니까 설렌다며?"

"매니저 일도 충분히 설레. 원래 내 정체성이기도 하잖아."

한동안 이 문제로 우리는 옥신각신, 설왕설래, 갑론을박을 멈추지 않았다.

음악 일 대신 작가로 인생 2막을 열길 바랐던 사람들, K와 우리 엄마 두 사람은 내가 엔터테인먼트 업계로 복귀하는 것을 반대했다. 그 업계를 떠난 이유는 단순했다. 건강 악화로 매년 쓰러졌고, 결국 작은 종양이 발견돼 서른여섯의 나이에 암 수술을 받아야 했다. 암 발생 원인은 혹사와 스트레스였다. 이후로도 몇 차례 이런저런 수술을 반복하다 결국 번아웃이 찾아왔다.

반면, 이전 직업으로의 복귀를 조건 없이 응원해준 사람도 있었으니, 다름 아닌 K의 어머니였다.

"얘, 매니저 사업자 내는 거 할 수 있으면 해라. 네가 있어서 얼마나 다행이냐."

그러니까 시어머니는 언제나 내가 다시 업계로 복귀해 일하기를 바랐다. 그 일이 활동적이고 멋져 보인다면서. 내게 시나리오 작가의 길을 추천했던 K는 본인 때문에 아내가 엔터테인먼트 업계로 돌아간다는 것이 미안했는지 계속 반대했지만, 어머니의 동의에 더는 고집을 피우지 않았다. 오랜 논쟁이 그렇게 마감되었다.

북 프로모터의 탄생

다시 엔터테인먼트 업계로 돌아와 매니지먼트 일을 하게 되었다. 하지만 이번에는 비슷하면서도 다른 분야다. 어쨌든 동반자를 빛나게 만드는 일이기에, 자신감도 생겼고 떨리기도 했다.

물론 내게도 일말의 우려는 있었다. 한집에 사는 사람과 같이 일하는 게 과연 잘한 결정일까? 괜찮을까? 나는 그저 내 업력을 믿기로 했다. 그간 쌓아 올린 유사 업계 종사자의 경력과 능력으로 K와 『불편한 편의점』의 등대가 되어 곁을 지키고 밝혀줄 수 있다고. 스스로를 독려했다.

사업자등록증을 들고 관할 구청 문화체육과에 방문해 매니지먼트 업종 개업 신고를 마쳤다. 집으로 돌아가는 길, 낯선 번호로 전화가 왔다. 구청에 접수한 서류가 미비했던 걸까? 걱정스러운 마음에 걸음을 멈추고 얼른 전화를 받았다.

"'경기 스토리작가 창작소' 사업 담당자입니다. 본선 통과한 20개 작품에 『부엔까미노』가 선정되었고요, 다음 주에 유튜브 온라인 면접이 있습니다. 메일로 자세한 사항 보냈으니 확인 후 회신 주세요."

지원 당시엔 김칫국을 퍼마셨지만, 사실 1차 심사에서 탈락하겠거니 했다. 초보 작가이기에 공모전 본선에 오른다는 것은 '상상' 그 자체였을 뿐. 게다가 '경기 스토리작가 창작소' 공모는 신인과 기성 모두가 대상이기에 프로들 틈에서 내 작품이 눈에 띌까 싶었는데…… 긍정적인 결과가 나온 것이었다.

면접일은 예정된 수술 바로 다음 날이었다. 허허허. 그나마 수술 당일이 아니라 다행이군. 최종 당선 작가는 10명이니 나에겐 50퍼센트의 확률이 있었다.

한편으로 2022년 6월 말까지 K는 『불편한 편의점 2』 집필에 집중해야 하기에 외부 행사를 활발하게 진행하기 어려웠다. 내가 입주 작가로 선정되어도 매니지먼트 업무와 시나리오 작업을 충분히 병행할 수 있을 터였다.

면접 당일. 비교적 간단한 추가 수술이라지만 삽관 후 전신

마취를 했기에 목소리가 잘 나오지 않았다. 그래도 상의만큼은 번듯하게 입고 모니터 앞에 앉았다. 사실 어떤 질문을 받고 뭐라고 대답했는지는 또렷이 기억나지 않는다. 마취제와 진통제의 힘을 빌려 면접을 버텨냈기 때문이다. 최대한 정성껏, 하지만 모르는 것은 모른다고 솔직하게 말하자고 다짐한 내용만이 K와 나의 메시지함에 남아 있을 뿐.

면접을 마치고 두 주 정도 지나 결과를 통보받았다.

최종 결과는…… 탈락! 50퍼센트의 확률에서 고배를 마시고 나자 허탈함과 아쉬움이 몰려왔다. 운이 없는 걸까, 실력이 부족했던 걸까, 아니면 둘 다일까? 그러나 아쉬움도 잠시, 머릿속에서 명쾌한 길 하나가 보이기 시작했다.

K는 당선 작품과 작가 이름을 보며 중얼거렸다.

"아니, 이 형은 심사를 해야 할 분이 여길 지원하나? 그리고 이분은 기성 감독이고……. 미쇼 씨, 선정된 열 명 중에 당신 같은 생짜 신인은 없어 보인다. 그러니까 낙담하지 말고, 가능성을 인정받은 거니까 계속 고쳐 다른 공모전 지원하자."

나는 함박웃음을 지으며 답했다.

"무슨 소리야? 이제 북 투어랑 매니지먼트 전념이지. 아 속이 다 시원하네! 앞으로 365일 잘 부탁드립니다. '김호연 작가'님."

그제야 아내가 곧 소속사 대표라는 걸 깨달은 K의 표정은,

꽤 복잡해 보였다. 그 순간 나는 생각했다. 소속사 대표로 K에게 인정받는 것부터 최우선 목표로 삼아야겠구나!

나는 앞으로 해나갈 업무 영역과 직함에 대해 고민했다. 내 역할을 뭐라고 칭하면 좋을까.

그동안 어깨너머로 건너다본 한국의 출판 시장은 다음과 같이 구성되어 있다. 출판사는 궁극적으로 책을 출간한다. 출판 에이전시는 국내의 책을 국외로, 국외의 책을 국내에 출간하도록 수출입 계약을 중개하고 판매하는 역할을 한다. 흔히 말하는 '대형 작가', '스타 작가', '셀럽'이 아닌 이상, 출판사에서 작가 한 사람의 일거수일투족을 전담해 서포트하거나 매니저 업무를 도맡아 하는 시스템은 구축되어 있지 않다. 작가를 관리하는 작가 에이전시가 존재하긴 하지만 저작권 관리 등 한정적인 영역에 국한된 경우가 대부분이다. 그러니까 내가 구상하는 개념의 업무와 직함은 아직 없는 셈이다.

나는 책상 앞에 앉아 끄적였다. 그리고 깨끗한 페이지에 고민 끝에 결론 내린 정돈된 단어를 옮겨 적었다.

'북 프로모터'.

적절한 직함을 찾아낸 즉시, 워터폴스토리의 북 프로모터 김미쇼로 업계에 복귀했다.

영국 밴드 콜드플레이COLDPLAY가 2011년 발표한 〈Every

Teardrop Is a Waterfall〉이라는 곡이 있다. 시작부터 끝내주는 기타 리프가 폭포처럼 쏟아져 자동으로 눈을 감게 만들고, 후반부에는 감은 눈꺼풀 위로 화려한 색채를 담은 사운드의 융단 폭격을 만끽할 수 있는 곡이다.

나는 이 곡이 가진 색채를 참 좋아했고, K는 노랫말 속 한 구절을 집필 인생의 잠언으로 여겼다. 우리는 이 찬란한 감정과 감성을 WATERFALL이라는 단어로 응축해 받아들였고, 인류의 가장 오래된 직업 중 하나인 작가라는 정체성을 떠올려 STORY라는 단어를 연결해 네이밍을 완성했다.

폭포와 이야기.

그렇게 두 단어가 만나 워터폴스토리라는 회사의 이름이 탄생했다. 이제 당신에게 폭포처럼 쏟아져 내리는 이야기를 들려줄 준비가 된 것이다.

안녕하세요, 워터폴스토리입니다

고백하자면, '워터폴스토리'의 시작은 2013년으로 거슬러 올라간다.

K의 소설 『망원동 브라더스』가 세계문학상 우수상에 당선된 뒤, 시나리오 작가 출신 소설가라는 정체성 덕에 그에게 일감이 많아지던 때였다. 마침 중국 북경으로 출장을 앞두

고 있어 명함을 만들어주기로 했다. 한글, 영어, 한자를 총동원해 시안을 뽑았는데 회사명이 없으니 여백의 미가 과도한 상황! 그렇다면 기왕 만드는 김에 회사명처럼 활동할 브랜드 네임이라도 만들어보자고 K에게 제안한 것이 '워터폴스토리'의 시작이었다.

명함의 완성과 함께 우리는 매년 폭포를 구경하러 다닌다. 새로운 여행지에 갈 때마다 그 지역의 폭포를 찾아가거나, 폭포가 포함된 노래와 영상을 나누는 것을 작은 낙으로 삼고 있다. 심지어 지금 사는 집 근처에도 폭포가 흐른다. 바로 홍제천 폭포다.

K는 글이 잘 써지지 않거나 마음이 심란할 때 습관처럼 홍제천 폭포를 찾아 걸으며 스스로를 폭포바라기라 부르는 중이다. 시원하게 퍼붓는 폭포의 물줄기를 마주하다 보면, 헝클어진 실타래처럼 얽히고설킨 이야기들이 하나둘 풀려 쏟아져 내리는 것만 같단다.

10년 전, 완성된 워터폴스토리의 명함을 두 손에 든 K는 앞으로 많이 뿌리고 다니겠다며 파이팅을 외쳤지만, 2021년이 될 때까지 500매 한 통의 절반도 비우지 못했다. 차마 버리지 못한 이 명함은 토템처럼 서랍 깊숙이 모셔졌다. 그리고 2024년 현재, 뜻밖에도 내 이름이 떡하니 새겨진 워터폴스토리의 명함은 찍는 족족 소진되는 중이다.

한 가지 더 놀라운 일은, 다신 꺼낼 일 없다고 여긴 '대중문화예술기획업* 종사경력 증명서'가 즉시 효력을 발휘했다는 것.

몇 번의 수술 뒤 결국 음반사를 폐업하면서 나라는 존재와 음악 씬에서 갈고닦은 20여 년의 세월을 몽땅 부정하곤 했다. 좋아하는 음악조차 듣기 싫고, 관련된 소식과 지인들의 연락마저 끊어냈다. 심지어 갓 도입된 대중문화예술기획업 등록신고를 위해 관할 구청에 가다가 큰 교통사고를 당했으니, 내게는 애증의 산물일 수밖에 없었다.

무대 앞뒤로 바쁘게 뛰어다니고, 악기와 사운드 시스템을 옮기고, 홍보를 위해 방송국과 신문·잡지사를 들락거리고, 아티스트들을 위해 운전도 하고, 이따금 록 음악에 맞춰 창작 댄스를 추며 스트레스도 풀어야 했지만 교통사고 후유증으로 제대로 걸을 수조차 없게 되었다.

당시엔 나를 쓸모없는 인간으로 만들어버린, 폐기하고 싶었던 그 자격 면허가 10년 뒤 불사조처럼 살아 돌아와 워터폴 스토리 사업자와 함께 스스로 쓸모를 찾아내고야 말았다.

● 대중문화예술기획업: 문화예술인을 대리하여 계약을 체결하고 대금을 수령하는 '엔터테인먼트', '연예기획사', '매니저' 관련 업종 사업자라면 법령에 의거해 반드시 취득·신고해야 하는 등록 면허.

책장 한구석에 처박아둔 것이 미안했고, 어딘가로 사라지지 않고 그 자리에 그대로 있어준 것이 또 기특했다.

본격적으로 업무를 가동하기 전, 나는 워터폴스토리가 참고할 만한 프로세스나 사례를 검색하고 수소문했다. 하지만 딱히 도움이 될 만한 내용은 없었다.

작가와 셀러브리티의 정체성을 함께 가진 경우, 매니지먼트 회사와 계약해 방송·인터뷰·행사를 진행하면 된다. 그러나 도서관, 학교 등 소규모 공간에서 진행되는 작가와의 만남은 출연료가 적어 회사와 나눌 수 없기에 기존 업계에선 업무 영역으로 분류하지 않았다.

유명 작가들과 홍보 대행 계약만을 체결하는 회사도 몇 군데 있어 알아보았지만, 대부분 저작물의 2차 판권 판매나 방송 출연을 위주로 해 우리와는 결이 달랐다.

결국, 워터폴스토리는 독자 노선을 걸어야 한다는 것을 깨닫고 다음과 같은 목표를 세웠다.

① '작가와의 만남' 개념 정리, 워터폴스토리만의 업무 프로세스 확립
② 저작권 양수도 계약 체결, 정산·계약 프로세스 창구의 일원화

③ 출판사, 출판 에이전시의 업무를 명확히 인지하고, 분리
④ K의 홈페이지 개설, 섭외처 안내
⑤ 집중 집필을 위한 공간 마련, 'K를 섬으로 보내자!' 프로젝트 가동

책 출간 홍보와 보도자료 배포 같은 업무는 출판사와 출판 에이전시가 이미 진행 중이라 굳이 내가 중복할 필요는 없었다. 오히려 혼선을 줄 뿐이니까. 따라서 나는 워터폴스토리의 역할을 이렇게 정리했다. 집필을 제외한 K의 외부 활동 전담, 작가와의 만남 현장 동행, K의 소식을 전할 SNS와 모든 어문 저작물 및 초상에 대한 관리.

한편 K는 소설가가 일정에 프로모터를 대동한다는 것을 매우 부담스러워했다. 대외 소통은 믿고 맡겼으나 현장에 동행하는 일은 유별나 보여 싫다는 것이 그의 주장이었다. 아쉽지만 존중해야 했기에, 나는 현장에 가더라도 근처 카페에서 대기하는 등 타인의 눈에 띄지 않도록 애썼다.

2021년 여름의 끝. 한 시간 사십 분짜리 작가와의 만남을 세 시간이나 걸려 마치고 돌아온 날, K는 현관 앞에 서서 붕괴된 자아를 끌어안고 이렇게 말했다.

"이제 현장 업무도 함께 다닙시다. 도저히…… 혼자로는 안 되겠어."

드디어, 비로소, 파이널리!

나는 기쁜 마음으로 다음 스케줄부터 K의 모든 일정에 동행하기로 했다. 그 역시 짐짝처럼 떠안고 있던 업무를 내게 이관하기로 결정을 내리며 모든 에너지를 집필이라는 본업에 쏟기로 단단히 마음먹었다.

독자를 만나는 일은 그 자체로 감격이고 행복이지만 현장에서 벌어지는 돌발 상황에 작가 혼자 대응하기란 쉽지 않은 일이었다.

전업 작가와 전업 프로모터의 만남, 우리는 한껏 극적인 포즈로 악수하며 업무 협약식을 마쳤다. 워터폴스토리가 비로소 제 궤도에 안착한 날이었다.

02.
북 투어의 첫 페이지, 목포

소진은 목포에서 나고 자랐지만 회를 못 먹었다.

—『불편한 편의점 2』, 52쪽

새벽 여섯 시. 추출이 끝난 커피를 텀블러에 옮기려다 그만 내 손에 따라버렸다. "핫뜨뜨!" 역시 잠을 깨우는 데는 커피를 마시는 것보다 몸에 쏟는 편이 더 확실한 것 같다.

고작 1박 2일의 출장일 뿐인데 이토록 호들갑인 이유는, 목포에 가기 때문이다.

이번 일정은 워터폴스토리 완전체로서의 첫 출정이자 『불

- 『불편한 편의점 2』의 캐릭터 '소진'이 목포 출신인 것은 목포 북 투어의 영향이었다고 K가 직접 밝힌 바 있다. 역시 그는 북 투어와 집필 취재를 병행하는 듯하다.

편한 편의점』 출간 후 처음으로 야외에서 관객을 만나는 북토크였다. 결정적으로, 코로나19가 지구를 삼켜버린 이후 K가 처음으로 출연하게 된 대규모 야외 축제였기에 설렘 또한 가득했다.

근대문학의 도시, 근대음악의 도시, 김대중 노벨평화상 기념관과 유달산, 갓바위, 드넓은 바다를 품은 미식 도시 목포가 우리를 불렀다.

"목포, 문학, 박람회. 이 세 가지 모두 제가 좋아하는 단어입니다."

출연을 앞두고 목포MBC 〈뉴스데스크〉와의 인터뷰에서 K가 한 말이다.

#목포 #문학 #박람회. 정말 그에게 착 달라붙는 해시태그가 아닐 수 없다.

2021년 10월, 목포시는 국내 최초로 '문학박람회'를 개최했다. 북 페어, 북 페스티벌, 도서전, 독서대전 등 다양한 책 행사가 전국적으로 펼쳐졌지만, 박람회라는 이름을 내건 곳은 내 기억 속에 그동안 없었다. 목포 출신 글 작가들을 생각해보면 자격도 충분해 보였다.

목포는 한국 문학사의 거봉 네 명을 선정해 목포문학관을 만들었다. 천재 극작가 김우진, 최초의 여성 소설가 박화성,

현대문학 비평의 아버지 김현, 사실주의 연극의 대가 차범석이 그 주인공들이다. 이와 더불어 황현산, 천승세, 김진섭, 최인훈 등 교과서에서 자주 만났던 목포 출신 문학 예술인들의 성취를 소개했다.

구도심에서는 위의 문학 4인방을 중심으로 생가와 활동 거점을 연결해 '골목길 문학관'을 조성했다. 관광객들이 지속적으로 찾을 수 있게 이야기를 담아 길을 만들고, 역사와 이어지도록 노력했다. 그리고 이 모든 결실이 쌓여 제1회 목포문학박람회가 된 것이다.

박람회는 주 행사장인 목포문학관 야외공원과 목포역부터 북교동까지 이어지는 골목길 문학관, 특설 무대가 마련된 평화광장 일대에서 진행되었다. K와『불편한 편의점』은 목포문학관 야외공원의 라이브 스튜디오에서 북 토크를 갖기로 했다.

목포역에 도착하자마자 광장의 I♡MOKPO 조형물을 향해 내일 또 보자며 인사를 건네고 서둘러 유달콩물로 향했다. 콩 마니아들의 성지인 이곳에서 나는 늘 콩국을 먹고, K는 해물순두부와 솥밥을 먹는다. 콩국과 순두부의 맛도 훌륭하지만 뷔페식으로 가져다 먹는 남도 김치 5종도 근사하다.

든든히 배를 채운 뒤 목포문학관까지 운행하는 셔틀버스에 올랐다. 버스는 구도심과 목포역, 삼학도를 거쳐 해안가를

📍 목포문학박람회 주 행사장인 목포문학관 야외공원.

시원하게 내달렸다.

    야외공원 입구에 다다라 행사 담당자에게 연락했다. 하지만 출연 시간보다 세 시간이나 빨리 도착한 상태라 담당자는 우리를 반가워하면서도 대기할 공간이 없어 당황하는 모양새였다.

    "걱정 마세요. 지금부터 목포문학박람회를 샅샅이 탐사할 겁니다."

K의 한마디에 활짝 웃는 담당자를 보며 안심하고 문학주제관으로 향했다.

주제관은 '목포문학호'에 승선하는 것으로 시작됐다. 근대문학의 시발점인 제1항구부터 제4항구까지 과거와 현재, 그리고 디지털로 즐기는 미래의 문학으로 나아간다는, 그야말로 '제1회 목포문학박람회'다운 거대한 스토리텔링이 펼쳐졌다.

'한국문학의 별이 되다―최하림, 천승세, 황현산 3인 기획전'이 열린 제2항구에서, K는 뜻밖에도 스승님을 만났다. 때로는 자신에게 영향을 끼친 누군가와 동시대를 살았다는 것만으로도 큰 위안이 될 때가 있다. 그는 대학에서 황현산 교수님의 교양과목 강의를 들었다며 당시를 회상했다. 그리고 유년 시절 최애 작품 중 하나인 『어린왕자』의 한국어판 중에 황 교수님 번역판도 존재한다며, 사진 속 얼굴을 물끄러미 바라보았다.

행사장 곳곳을 만끽하며 미션 스탬프도 찍고 사은품까지 받았음에도 출연까지 한 시간가량 남았다. 우리는 공원 카페에서 대기하기로 했다. 그런데 K가 무척 지쳐 보인다. 너무 일찍 도착했나?

시간 엄수에 강박이 있는 나는 모든 행사장에 최소 사십 분에서 한 시간 이상 일찍 도착하는 것을 목표로 한다. 행사에 지각하는 것이야말로 관객들에게 크나큰 실례라는 걸 현장에서 처절하게 배운 바 있다. 나에겐 당연한 일이지만 K로서는 첫 시작이기에, 그는 앞으로 펼쳐질 수많은 대기 시간을 견디는 법도 차근차근 배워가야만 할 것이다.

  약속의 오후 세 시, 출판관에 마련된 스튜디오에 아나운서와 K가 함께 입장했다. 나는 객석으로 돌아가 맨 뒤에 자리했다. 바깥에서 바라보니 활짝 펼쳐진 책장 형태를 본떠 만든 귀여운 스튜디오였다. 그리고 마치 방송국의 라디오 부스처럼 전면에 투명 아크릴 창을 내어 출연자들과 스튜디오 내부의 모습도 시원하게 볼 수 있었다. 사회적 거리두기 4단계를 고려해 관객과 출연자를 세련된 방식으로 분리했구나! 외부 스피커를 통해 객석은 물론 출판관을 둘러보는 모든 관람객이 북 토크를 청취할 수 있었다.
  사실 객석보다 스튜디오가 오히려 열기로 가득했다. 아크릴 창의 폐해랄까, 실로 엄청난 온실효과 때문에 냉풍기가 있어도 무용지물이었다. 아니나 다를까 K는 땀을 뻘뻘 흘렸다. 안타까운지고. 앞으로 손수건도 챙겨 다녀야겠다.
  K는 아나운서와 함께 『불편한 편의점』의 집필 아이디어, 목포 방문과 문학박람회 참여 소감 등을 50분간 나누었다. 관객과의 질의응답이 없는 것이 무척 아쉬웠는데, 북 토크가 끝난 뒤 K 곁으로 하나둘 모여드는 관객들을 보며 비로소 『불

편한 편의점』의 인기를 실감할 수 있었다.

관람객 대부분이 목포 시민일 거라 생각했으나 무안에서, 신안에서 책을 들고 방문한 독자들도 만났다. K는 반가움과 기쁨의 미소를 지으며 부지런히 사인했다. 그리고 어느새 초등학생 독자들에게 둘러싸였다. 어찌나 귀여운지! 한 친구는 사인을 받으며 "그래서 독고 씨는 가족을 만났나요?"라고 질문하는 날카로움을 선보였다. 순간 놀란 K는 입을 쩍 벌렸다. 나 역시 잠시 숨을 멈췄다.

"만났을까요? 못 만났을까요?"

"음…… 저는 만났을 것 같아요!"

"사실은 나도 몰라요. 하지만 친구가 그렇게 생각했다면 그게 맞는 거예요."

"나는 못 만났을 것 같은데?"

대화를 듣던 다른 학생이 말했다.

"그것도 맞아요."

"에이! 다 맞다고 하는 게 어딨어요?"

"친구들이 책을 읽고, 독고가 가족을 만났을지 못 만났을지 각자 상상하게 만드는 게 나의 역할이니까요."

뭉클하고 신기했다. 하지만 이것은 앞으로 진행될 독자와의 만남, 그리고 『불편한 편의점』의 북 투어 예고편에 불과했다.

공식 일정을 모두 마친 뒤, 택시를 타고 평화광장 근처 별스넥으로 이동했다. "병어회를 먹겠다더니 목포까지 와서 스넥이 웬 말이냐?"며 K는 거센 반발을 했지만 별스넥에 들어서는 순간, 묵언수행에 들어갔다. 이곳에는 본인이 꿈에 그리던 '덕자 씨'가 있었기 때문이다. 병어 중에서도 대왕 병어를 덕자라 부른다. 그 덕자회와 찜을 여한 없이 맛볼 수 있는 곳이었다.

다음 날 아침은 K가 점찍어둔 게살비빔밥으로 포문을 열었다. 목포는 꽃게의 살만 발라내 양념장을 만드는 것으로도 유명하다. 우리 둘 다 아침을 챙겨 먹는 편이 아니지만, 갓 지어 뜨끈한 흰 쌀밥 위에 양념에 빠진 게살장을 턱턱 얹어 먹었다. 그야말로 입안에서 게 맛이 팡팡 터지는 별미 중의 별미였다.

밥심으로 풀파워 충전 후, 이번에는 골목길 문학관으로 향했다. 차범석 작은 도서관, 김우진 거리, 김현 자택이 모인 북교동 구도심을 산책하며 목포문학박람회 곳곳을 탐방했다.

늦은 점심, 드디어 고대하던 우럭간국을 먹으러 만선식당을 찾았다. 장시간의 귀갓길을 생각해 술은 마시지 않기로 했건만, 냄비 가득 뽀얗게 우러난 생선 육수와 바글바글 끓고 있는 무와 파를 보자니 도저히 소주로써 경의를 표하지 않을 수 없었다. 나는 소주를 마시지 않지만 주류 전문가 K씨께서 내 몫까지 분발해주기에 지역 소주 잎새주를 주문했다.

몇 해 전, 목포에 가거든 꼭 우럭간국을 먹자고 했더니 K는 더 들을 필요도 없다는 듯 펄쩍 뛰며 싫다고 했다. 생선찌개 메뉴를 사랑하는 사람이 어째서 거부하는지 납득할 수 없어 이유를 묻자, "우럭 살도 아니고 간으로 끓인 국을 먹을 순 없다"고 답했다. 음…… 그나마 우럭을 갈아 만든 국이라고 하지 않은 걸 다행이라 여겨야 하나? 우럭간국은 우럭 내장을 빼내 깨끗이 손질하고 건조 혹은 반건조한 뒤 맑게 끓여내는 찌개란 것을 설명하고 나서야 K를 이곳에 데려올 수 있었다.

숟가락 가득 뽀얀 국물을 떠서 음미한 뒤 K는 잎새주로 나는 생수로 건배했다. 낮술과 해장을 동시에 벌어지게 하는 우럭간국 덕분에 반나절을 맛깔나게 정리할 수 있었다.

우리를 초대한 목포에서의 1박 2일, 매 순간 문학박람회의 공간들과 함께하려 애썼다. 그 과정에서 K는 소설가이자 출판인으로서 박람회를 알뜰하게 즐겼고, 나는 다소 부족한 문학적 소양을 한 단계 끌어올릴 수 있었다. 이것이 바로 문학 행사의 긍정적 효과가 아닐까?

시시각각 다가오는 출판 시장의 변화와 흐름을 즐기며 일할 수 있다는 것도 참 복이구나. 서울로 힘차게 내달리는 열차 안에서 많은 생각이 들었다. 이제 시작이지만 목포문학박람회가 계속되길, 우리의 북 투어도 계속되길 빌었다.

사실은 행사장에서 꼭 만나고 싶은 독자가 있었다. 광주에 사는 K의 초기 팬 '부귀영화' 님이었다. 목포문학박람회 출연 소식에 꼭 가겠다는 댓글도 SNS에 남겨주었기에 조금 기대했다. 하지만 만날 수 없었다. 우리가 별스넥에서 덕자 씨를 영접하고 있을 때 부귀영화 님이 행사장에 도착했기 때문이다. 준비해 온 여러 책에 단 하나의 사인도 받지 못해 아쉬워하는 피드를 보고, DM을 보내 주소를 알아낸 뒤 『불편한 편의점』 사인본을 발송했다. 지금은 취하기 어려운 행동이지만 그 당시만 해도 오랜 우정을 다져온 독자에게 그 정도나마 소통할 수 있었다.

이듬해 8월 『불편한 편의점 2』 출간 사인회로 영풍문고 광주터미널점을 찾게 되었다.

아이스커피가 여러 잔 담긴 음료 캐리어를 한 여성이 사인 테이블에 턱, 하고 올렸다.

"작가님! 광주까지 와주셔서 참말로 감격스러버요. 먼 서울서 여까지 오셨는디, 내가 뭐 해드릴 거라 해봐야 요거밖에 읍서라잉. 작지만, 한턱 쏘겠심더!"

황송함도 잠시, 나는 음료와 함께 방문한 독자의 얼굴을 바로 알아볼 수 있었다.

"어머, 부귀영화 님이시죠? 사진하고 똑같으시네요."

"맞아요! 어찌 알아봤당가~? 호호호호. 매니저님도 내내 서 계셨는디, 이거 한 잔 하시고 쉬엄쉬엄 하셔요잉."

"작년에 목포문학박람회에서 못 봬 아쉬웠는데, 결국 만나네요. 와주셔서 감사해요."

한 권의 책이 사람과 사람을 만나게 하고, 못다 한 말을 이어주기도 한다. 책을 좋아하고, 문장을 기억해주고, 먼 길을 마다하지 않는 독자가 있다는 건 작가뿐 아니라 나 같은 북프로모터에게도 큰 위로가 된다.

목포문학박람회는 진작 끝났지만, 그날의 감정이 쌓여 마침내 광주에서 아이스커피처럼 시원쌉싸래하게 여백을 채워주었다.

03.
WE+ME, 벚꽃의 약속

> 고쳤으면 떠나야지. 다시 길을 가야지.
> 그녀가 그렇게 내게 말하는 듯했다.
>
> ―『불편한 편의점』, 243쪽

10월 한 달 동안 부산의 브니엘고등학교, 경기도 안산대학교, 목포문학박람회, 강릉국제영화제 등 전국 각지를 방문해 독자들과 만났다.

그사이 『불편한 편의점』은 종이책 판매량 10만 부를 돌파하고 있었다.

교보문고, 영풍문고, 알라딘, 예스24, 반디앤루니스, 북스리브로, 인터파크 같은 온·오프라인 서점의 종합 베스트셀러 TOP 10에 지속적으로 이름을 올렸다. 온라인 독서 플랫폼 '밀리의 서재'에서는 6월부터 종합 베스트셀러 1위에 오르더니 좀처럼 내려오지 않고 있었다.

MBC 라디오 〈배철수의 음악캠프〉에서는 배철수 아저씨가 '독고 씨'와 '염 여사'의 대사를 직접 낭독하며 열연을 펼쳤다. 그걸 듣는데 행복한 웃음이 터졌다. KBS 라디오 〈라디오 극장〉에서는 『불편한 편의점』이 20화 분량의 라디오극으로 각색되어 방송되었다. 밀리의 서재는 오디오북 서비스 최초로 '전 배역 성우 캐스팅 오디오북'을 제작하는 파격도 선보였다.

놀라운 일은 이 모든 것이 프로모션이나 로비를 통해 이뤄진 것이 아니라는 점이다. 오직 독자들의 힘에서 파생된 자연발생적 현상이었다.

그에 더해 아시아를 중심으로 해외 출간 오퍼도 속속 접수되었다. 아침에 일어나 메일함과 스마트폰 메시지함을 열 때마다 '이게 무슨 일이야!'를 외쳤다.

마치 첩보전처럼 『불편한 편의점』과 독자들이 암약해 2차, 3차 콘텐츠를 제작해 올렸다. 유명 연예인과 아이돌 멤버들이 자발적인 독서 인증샷을 SNS에 올렸다는 소식 또한 지인들의 제보를 통해 알게 되었다. 이쯤 되니 우리는 조금씩 두려워졌다.

"『불편한 편의점』은 이제 내 작품이 아니야……"

"어……, 저작권 양수도 계약했으니까 워터폴스토리와 공동 소유지."

"아잇, 그런 게 아니고! 『불편한 편의점』은 이제 별도의 생명체 같다는 말을 하려고 했는데, 감성 파괴자야, 뭐야."

"아, 예에…… 죄송합니다. 그러네, 『불편한 편의점』은 어느새 공공재가 되었구나."

"내가 쓰긴 했지만 내 것이 아닌 느낌이 들어."

"그럼 이제 '편편님'으로 부를까?"

"그래, '편편님'으로 하자. 좋네!"

나는 사물에 별칭 붙이길 좋아한다. 물체에 이름을 부여하면, 그 자체로 새로운 생명력을 얻기 때문이다. 나무를 잘라 만든 뽀얀 종이 위에 단정한 글자를 새겨 넣은 사각형 물체. 마치 발이라도 달린 것처럼 여기저기 쏘다니며 독자들의 반응을 이끌어내는 『불편한 편의점』과 그에 관한 모든 현상을 '편편님'이라 칭하기로 한 것이다. 덕분에 한 발짝 떨어진 시각으로 『불편한 편의점』과 K를 바라보며 업무를 진행할 수 있었다.

스타마케팅의 영역에서 한 발짝 떨어진 시각, 즉 객관화(a.k.a. 메타인지)는 중요한 요소다. 매니지먼트를 하게 될 '대상자'의 강점을 파악하고, 그것을 어떻게 대중에게 어필할지 기획·판단하는 것이 시작 값이다. 또한 업무를 수행하는 '자신'에 대한 객관화 역시 뒤따라야 한다.

이처럼 편편님에게 인격을 부여하자 행복하고 재미있는

한편, 등골이 싸늘해지기도 했다. 앞으로 편편님에게 닥칠 상황들을 K가 온전히 감당할 수 있을까? 이 염려는 내가 스타 마케팅을 통해 온몸으로 갈고닦은 촉에서 비롯된 것이다. 과연 이 둘을 향해 쏟아지는 관심과 기대가 여기서 멈출 것인가 아니면 뛰어넘을 것인가?

문화예술인에게 화제성은 꼭 필요하다. 하지만 한도를 초과한 관심은 인간의 본성에도 영향을 미친다. 나는 그 폐해를 많이 보았다. 그래서 작품과 작가를 분리하는, 편편님이라는 명명에 따른 객관화와 워터폴스토리라는 완충제가 생겼다는 대목에서 새삼 안도했다.

앞서 워터폴스토리를 만들고 시급히 수행해야 할 목표 다섯 가지를 정한 바 있다. 이제 '⑤K를 섬으로 보내자' 차례였다.

과연 '인간 김호연'이 추구하는 삶의 기본 가치는 무엇일까? 옆에서 지켜본 바에 따르면, 그것은 '자유'에 다름 아니다. 결국 K가 가진 '자유에 대한 커다란 열망'이 네 번째 소설 『파우스터』를 낳았다고 나는 생각한다. 사인회에 『파우스터』를 가지고 온 독자에게는 'Fauster For Freedom!'이라는 메시지를 적어줄 정도였다.

'자유에의 추구'는 K의 창작 활동에 있어 최소한의 조건이기도 했다. 자신의 마음과 정신, 그리고 육신을 자유롭게 움직일 수 있는 상태만 보장된다면, 그 자체로 충족이었다. 뮤지션이 자신의 몸을 악기라고 표현하듯, K 역시 몸과 마음이 원고지나 다름없었다. 자유롭게 상상해 집필이라는 무아지경에 빠져들 수만 있다면 글 쓰는 공간의 규모나 성질은 중요하지 않다는 뜻이다.

K는 그동안 정부 또는 독지가가 운영하는 지방의 문학 레지던스에 입주하는 형태로 집중 집필을 해왔다. 일련의 상황들을 꾸준히 지켜보니, 『불편한 편의점 2』의 자유로운 집필을 위해서도 최대한 서울에서 멀리 떨어져야만 했다. 하지만 문학 레지던스 입주는 그 제도가 더욱 절실한 작가들을 위해 지원하지 않기로 했다.

그렇다면 어디로 가야 할까? 역시 고립에는 섬이 제격이지! 과연 어떤 섬이 좋을까?

여전히 그는 '작업실만 구하면 된다'는 생각으로 보였기에, 나는 8월 내내 남해, 강화도, 울릉도, 제주도 등 다양한 지역을 후보로 두고 조사에 착수했다. 그중 한달살이가 가장 활발한 제주와 남해로 범위를 좁혀 섬에서 초고를 집필할 것을 K에게 제안했다. 그는 정말 오랜만에 보는 시원한 미소를 발사하며 제주를 골랐다. 눈이 부실 만큼 '혼자 가라'는 대목에서 후광이 비치는 듯했던 것은 내 기분 탓이겠지. 흠흠.

K가 제주를 고른 것은 철저하게 혼자일 수 있고, 멀어서 비

행기까지 타고 찾아오는 사람도 적을 것이며, 지리적으로도 잘 알고 익숙한 곳이기 때문이었다. 더불어 가장 친한 소설가 친구 '서진'과 매년 귤을 보내주는 후배 '임정호' 군이 있어 이따금 수다를 떨 수도, 회라도 한 접시 나눌 수 있다는 점도 한몫 거들었다.

한달살이 열풍의 주 무대인 제주는 그만큼 매물 선택의 폭도 넓었다. 초고의 완성 기간인 3개월 동안은 K가 혼자 지낼 분리형 원룸 작업실을 구하고, 이후 원고의 2·3차 수정 기간에는 투룸을 얻어 내가 합류하기로 했다.

홀로 지낼 초반 3개월은 K와 가장 친숙한 서귀포 남원 지역을 선택했다. 기동성과 생활 편의를 충족하고, 집필에 가장 큰 영향을 미치는 '안전한 산책로 발굴'에 적합한 지역을 타깃으로 각종 온라인 사이트를 뒤적여 마땅한 숙소와 계약을 하게 됐다. 겨울 시즌에다 3개월 치를 한꺼번에 계산하니 할인도 많이 받았다. 버스정류장 도보 1분, 편의점 도보 3분, 하나로마트 도보 30분, 올레길 5코스 진입까지 도보 10분인 위미3리 마을회관 인근의 숙소였다.

위미. WE, ME.

언제 들어도 참 예쁜 마을 이름이자 특히 K가 좋아하는 동네라 마음이 놓였다.

12월 1일, 제주공항에서 렌터카를 몰고 위미로 달려갔다. 숙소의 담장 역할을 맡은 동백나무에는 빠알간 꽃망울이 맺혀 있었다. 입주 후 3일간은 내가 함께 머물며 화장지, 세제 같은 대용량 비품과 식량, 생수를 넉넉히 구비해 쟁였다. 건어물로 밑반찬을 잔뜩 만들어 냉장고를 채웠고, 식탁 의자는 집필에 적합하지 않아 사무용 의자를 따로 마련했다. 내가 머무는 마지막 날, 수협에서 지역민들의 다금바리라는 벤자리회를 한 접시 사 먹으며 K의 건필을 기원했다.

홀로살이의 순조로운 출발과 함께 그가 자유를 조금이나마 되찾은 것에 안심하며, 다음 날 나는 서울로 돌아왔다. 이제 고독한 집중 집필 시간이 도래한 것이다.

그런데 어째서. 왜 때문에.

K는 주말마다 흑돼지와 대방어, 삼치회를 먹으며 포동포동 살을 찌우게 된 것일까?

최대한 주변에 알리지 않고 조용히 혼자 글 작업을 한다더니, 이 겨울에 월차를 내고 찾아오는 친구가 있다고요? 때마침 방학을 맞은 자녀들과 한달살이를 온 대학 동창 가족이 있다고요? 공무와 재계약으로 연말 연초에 가장 바쁜 아주버님까지 왜 그러시는 건데요……. 왜!

결국 교대로 방문한 지인들 덕분에 3주간 제주의 산해진미를 맘껏 포식한 K는 흑돼지가 되어버렸다. 프로모터이자 아내, 동료로서 나는 단호박 모드를 발동할 수밖에 없었다. 오랜만에 만끽한 '자유'와 '일탈'을 혼동했던 K도 정신 줄을 부여잡고 다시 집필에 매진했다.

12월의 마지막 주, 온라인 서점 예스24와 알라딘에서 『불편한 편의점』이 '올해의 책'으로 선정되었다는 소식과 함께 트로피를 수여했다. 이어 교보문고와 영풍문고 종합 베스트셀러 1위에 『불편한 편의점』이 동시에 이름을 쾅! 하고 올렸다. 밀리의 서재 연말 독서대전에서도 '올해의 오디오북'에 선정되는 영광을 안았다.

새롭게 시작된 2022년 1월의 주말, 이 모든 기록을 기념하고 축하하기 위해 나무옆의자 출판사 이수철 대표와 내가 함께 위미를 찾았다. 하얗게 쌓인 눈 더미 사이로 빨갛게 피어난 위미의 동백들이 여전히 아름답게 고개를 내밀고 있었다.

그리고…… 제주 흑돼지는 역시 맛있었다.

참으로 위험한 음식이 아닐 수 없다.

***

3월 20일, 서귀포 예래로에 벚꽃이 활짝 피었다. 이번 작업실은 예래초등학교 근처라 바로 앞 예래로의 벚꽃 터널을 매일 아침저녁으로 산책했다. 하나둘 맺힌 꽃망울을 보며 개화

📍 서귀포 여래로에 만개한 벚꽃과 『불편한 편의점』 벚꽃 에디션.

를 기다리던 어느 날, 벚꽃이 한꺼번에 우다다다 만개했다.

  2017년 초, 독립 음반사 설립 5년 차였던 나는 세월호 침몰 사고와 메르스의 여파를 극복하지 못해 결국 폐업의 길을 걸었다. 이젠 나이도 많고 머리도 굵어져 동종 업계 타 음반사 입사는 불가능한 상황. 그렇다면 내가 음악 외에 잘 알고 좋아하는 것은 무엇인가?

바로 커피와 두유였다. 원두를 집에서 직접 볶아 먹을 정도로 커피에 심취한 지는 15년도 넘었고, 유럽 바리스타 자격증도 가지고 있었다. 콩을 갈아 두유를 만드는 취미도 있어 커피 원두와 두유만 판매하는 작은 매장을 열어보자는 쪽으로 생각이 기울던 차였다.

그러나 최신 매장 관리나 위생 관리 지식이 부족했고, 창업을 유지하면 소득이 없어도 국민연금과 건강보험료를 감당해야 하는 현실적인 어려움도 있었기에 마지막 안간힘을 쓰는 마음으로 내린 결론은, 스타벅스 취업이었다.

그리하여 나이 서른여덟에 스타벅스 바리스타로 지원한 나는 합격 후 교육과정을 거쳐 동갑인 점장이 신규 개점하는 매장에 늦다리 막내 바리스타로 입사했다.

마감 조로 근무할 때는 늘 밤 열두 시 이후 퇴근했는데, 그때마다 K가 마중을 나와주었다.

그는 건널목 앞 편의점 안에서 나를 기다리며,

"편의점이 동네의 방범 초소가 되었구나"라든가

"사람들이 편의점에서 의외로 대화를 많이 하더라고" 등의 이야기를 건넸다.

몇몇 인터뷰를 통해 밝힌 대로 『불편한 편의점』 속 'ALWAYS 편의점'의 정경은 그때부터 이미 그려지고 있었던 것이다.

갑자기 스타벅스 시절 이야기를 꺼낸 것은 그때의 경험이 편편님에게 미친 영향에 대해 나누고 싶어서다. 당시 나는 검은색 앞치마인 '커피마스터' 자격도 획득했고, 손님 응대, 포스 사용, 매장, 재고, 위생 관리까지 모두 익혔다. 하지만 가장 큰 소득은 계절별 시즌 프로모션의 흐름을 읽어낸 것이다. 물론 음악계에서도 연간, 계절별 특수성을 이해하고 그에 맞춰 일하지만 방향은 달랐다.

체리블러썸 시즌에는 굿즈, 음료, 패키지까지 온통 연분홍빛으로 고객들의 소장 욕구를 자극했다. 유학생들이 리셀러가 되어 굿즈를 싹쓸이하는 광경은 그 폭발력을 실감하게 했다.

K의 위미 작업실에 응원차 내려온 이수철 대표와 나는 거실에서 이런 대화를 나눴다.

"그래서 누나(이 대표와 나 역시 K와 함께 8년간 의기투합하며 동지가 되었다), 원두 샵은 언제 열어요? 그거 편편님 굿즈로 만듭시다."

"스타벅스에서 가장 크게 배운 게…… 커피 관련 창업은 안 하는 게 건강에 이롭다는 거예요. 저는 워터폴스토리에만 매진하려고요. 근데, '체리블러썸' 시즌 마케팅의 폭발력은 대단하더이다. 소설계는 벚꽃 시즌 굿즈나 이벤트가 있나요? 우리가 활용할 만한 게 있으려나……."

나의 말은 바람처럼 흘러갔지만 출판 마케팅에 남다른 촉을 가진 이 대표는 그 대화를 잊지 않은 것이 분명했다. 출판사 사무실로 복귀한 이 대표는, 2월 중순 『불편한 편의점』의 표지 일러스트를 그린 반지수 작가와 협업해 그 유명한 벚꽃 에디션 시안을 우리에게 보냈다. 서점별 로고를 인쇄한 일러스트로 굿즈도 제작했다. 벚꽃이 휘날리는 아름다운 'ALWAYS편의점'의 광경을 본 K는 감격으로 목이 메었다.

그렇게 『불편한 편의점』은 벚꽃을 입고 또 한 번 독자와 마주할 준비를 마쳤다.

우리는 벚꽃 에디션을 들고 예래로에 나가 벚꽃 속 벚꽃 에디션의 인증샷을 남겼다.

새로운 계절, 새로운 독자, 그리고 새로운 이야기의 시작이었다.

04.
한 도시 한 책, 올해의 책

"원래 책을 읽고 나면 감상을 사람들이랑 나누고 싶다고.
그래서 독서토론 같은 걸 하면 좋단다."

―『불편한 편의점 2』, 134쪽

도서관을 자주 이용하는 독자들은 '한 도시 한 책' 또는 '올해의 책'이라는 명칭이 익숙할 것이다. 특히 봄이면 도서관 로비에 설치된 '한 책' 선정 참여를 유도하는 투표 판을 쉽게 만날 수 있다. 이는 독서 인구 감소 시대에 행정력을 효과적으로 발휘한 살아 있는 독서운동이라는 점에서 각별하다. 명칭과 진행 시기는 도시별로 다르지만 대부분 '한 도시 한

- One City One Book(한 도시 한 책): 1998년 시애틀 공립도서관에서 처음 시작되어 전 세계로 전파된 캠페인. 도시 전체가 한 권의 책을 선정해 함께 읽고 이야기하며 공동의 가치를 나누는 독서문화운동이다.

책', '올해의 책'에 지역명 및 표어를 더한 형태를 띤다.

각 지역 대표 도서관에서는 한 책 선정위원회를 운영한다. 한 해 동안 출간된 신작과 도서관 대출 현황을 분석한 추천 도서, 시민과 사서·선정위원회의 추천 도서를 취합해 1차 후보 목록을 뽑는다. 이후 각 도서관에서 독자 투표로 결선을 진행하여 최종 한 책을 선정한다. 한 책은 5~10개월 동안 독후감 공모, 독서토론, 작가와의 만남 등 행사로 이어지며 마무리된다. 이 프로그램을 통해 한 권의 책과 한 지역의 독자들이 충실하게 1년을 함께하는 것이다.

한편 우리나라에서 가장 성대하게 한 책 사업을 수행하는 도시는 부산이라 할 만하다. 부산보다 먼저 제도를 도입한 지역도 있지만, 지속성과 확장성 면에서 가히 압도적인 규모를 자랑한다. 이런 부산의 한 도시 한 책 프로그램의 명칭은 '원북원 부산'이다.

2022년 2월 19일 토요일, K는 집필을 잠시 갈무리하고 제주 위미의 작업실을 떠나 경기도 부천으로 날아갔다. 부천 상동도서관에서 진행하는 '2022 부천의 책' 선포식에 참여하기 위해서였다. 작가 인생 최초로 『불편한 편의점』이 한 책에 선정되는 영광을 안게 된 순간이다. 부천은 K가 어린 시절 잠시 살았던 지역(심곡초등학교를 다녔다고 한다)이자, 제1회 '부천 만화스토리 공모전'에서 『실험인간지대』라는 작품으로 대상을 수상하며 '만화스토리 작가'라는 타이틀을 얻게 한 행운의 도시이기도 하다. K는 부천의 독자들을 직접 만나고 싶어 했지만, 코로나19로 선포식 행사 현장을 유튜브 라이브로 생중계하는 형태로 진행되었다. 이런들 어떠하리, 저런들 어떠하리! 독자들이 주는 상은 언제나 그저 감사할 따름이다.

선포식을 마치고 제주로 돌아가는 길은 나와 함께였다. 3월 1일부터 워터폴스토리를 이동 작업실 운영체제로 전환해야 했기 때문이다. 『불편한 편의점 2』의 초고 집필을 마무리한 뒤, K는 차기작 '돈키호테 프로젝트'에 바로 돌입하기 위해 제주 취재 일정도 동시에 진행하기로 했다.

그는 작품과 작품 사이에 쉼이 없다. 다만 초고를 마감한 뒤 1주에서 3주 정도는 자신의 원고와 잠시 떨어져 지내는데, 그 기간이 유일한 휴가였다. K는 이 시간을 '원고 숙성 기간'이라고 불렀다. 나는 그것을 완전히 다른 활동을 통해 뇌를 새롭게 재설정하는 상태, 이를테면 '뇌의 집필 휴가'라고 받아들인다.

우리는 제주로 돌아와 위미 작업실을 정리했다. 다음 날 중문 예래동으로 작업실을 옮긴 워터폴스토리는 업무를 시작하자마자 제주시 우당도서관의 연락을 받았다.

담당자는 『불편한 편의점』이 '책 읽는 제주시 올해의 책'으로 선정되었다며, 4월 16일 선포식에 참석할 수 있는지 의견을 물었다. 더불어 소정의 강연료와 제주 왕복 항공권도 제공되며, 관객 대면 행사로 진행된다는 이야기도 덧붙였다.

"작가님, 제주시 올해의 책으로 선정되었답니다. 선포식 초대장이 왔어요!"

우리는 앞마당에서 소리를 질렀다.

동네의 개들도 함께 왈왈왈, 축하해주는 듯했다.

그리고 잠시 후 K는 뭔가를 깨달은 듯 안타까워했다.

"가만, 왕복 항공료는 못 받네! 초청으로 제주 한번 오는 게 소원이었는데……."

"작가가 제주에 상주 중이니 항공권 패스한다고 하면 폼 나고 좋잖아?"

"어쩌면 우리가 이미 제주에 와 있어서 올해의 책에 선정된 걸지도 몰라."

"10년간 제주앓이한 보람이 있네. 설문대할망 고맙수다!"

우리는 하나로마트로 향했다. K는 주류 코너로, 나는 신선 코너로 직행했다. 각종 야채와 딱새우회를 카트에 넣는데, 051로 시작되는 지역번호로 전화 한 통이 걸려 왔다.

섭외 연락을 받다 보면 지역번호만 봐도 대략 어디인지 느낌이 온다. 부산의 도서관이겠거니 하고 전화를 받았다. 그런데 이게 무슨 일인가! 이번에는 '원북원 부산'에 『불편한 편의점』이 선정되었다는 소식이었다. 담당자는 4월 20일 진행될 선포식에 참여할 수 있는지 긴급 확인을 위해 전화를 걸었다고 했다.

"예, 정말요? 고맙습니다. 4월 20일 가능합니다! 네에⋯⋯ 예에?!"

장을 보다 말고 휴대폰을 붙들고 기함을 토하는 내게 K가 다가와 궁금해했지만, 나는 손바닥을 착 들어 보이며 기다리라는 모션을 취할 수밖에 없었다.

"3⋯⋯ 3천 부요? 예, 됩니다. 출판사에 확인을 해봐야겠지만, 틀림없이 될 겁니다. 제가 얼른 확인해보고 다시 연락드릴게요."

전화를 끊자마자 K는 무슨 자신감으로 인쇄 관련 내용을 출판사보다 먼저, 그것도 함부로 허락하느냐며 나를 나무랐다. 당연한 말이었고, 당연히 지적할 사항이었기에 나는 고개를 끄덕이며 수긍했다. 그리고 깊이 심호흡을 한 뒤 침착하게 설명했다.

"먼저, 원북원 부산에 편편님이 선정되었대."

"뭐라고?"

"그리고 원북원 부산 로고와 안내문, 도서 대출증 같은 삽지를 넣은 '원북원 부산 에디션'으로 『불편한 편의점』을 3천 부 제작해 납품할 수 있냐고 주무관님이 물어봤어."

"이게 무슨 소리야?"
"그래서 틀림없이 될 거라고 했지."
"오…… 틀림없이 되지. 암, 되고말고!"
그의 반응도 내 반응과 별반 다르지 않았다.
우리는 다시 주류 코너로 되돌아가 캔맥주를 쓸어 담았다.

유채와 봄꽃이 예래동에 가득 차오른 4월, 우리는 제주에서 부산으로 비행기를 타고 가 '원북원 부산' 선포식에 참여했다. 부산시와 도서관 관계자들, 부산 시민들이 함께해준 풍성하고 의미 있는 자리였다. 그리고 이수철 대표도 내려와 같이 자리했다. 행사를 마친 뒤에는 서면 뒷골목에서 뒤풀이를 즐겼다. 역시 맛있는 건 다 뒷골목에 있구나!

다음 날 이른 아침, 김해공항 탑승 보안 검사를 받던 중 나는 보안 요원들에게 둘러싸이고 말았다. 내 가방만 X-Ray 후 위험 물품으로 분류되어 상세 수색 대상으로 넘어간 것이다.

당황스럽게 지켜보고 있는데, 보안 요원이 장갑을 끼고 내 가방을 직접 열어 맨 아래의 에코백을 꺼냈다. 그 안에는 추리닝과 양말로 한 번 더 꽁꽁 싸맨 물체가 있었다.

"앗! 하하하……."

두 손을 들고 항복 자세를 취한 나는 낮은 탄성과 함께 새어 나오는 웃음을 참지 못했다. 먼저 검색대를 통과한 K는 뒤

📍 '원북원 부산' 트로피.

늦게 상황을 파악하고 당황했지만 이내 빵! 웃음을 터뜨렸다.

이윽고 보안 요원은 푸른 사각형 상자를 꺼내 들었다. 그러곤 X-Ray 모니터 화면 속 한껏 불온해 보이는 시커먼 물체와 상자를 번갈아 보며 나에게 물었다.

"도대체 이게 뭡니까?"

그 물체는 다름 아닌 'ONE BOOK ONE BUSAN'이라는 글자가 새겨진, 새카만 유리 트로피였다. 그것은 성인 팔목 두께의 정직한 각목 스타일 유리 덩어리로, 모니터 속 상태는 누가 봐도 흉기였다. 깨질까 봐 위아래로 양말까지 씌웠건만,

인내심을 가지고 모조리 풀어 확인한 보안 요원은 "작가시구나" 덧붙이며 피식 웃었다.

그제야 상황이 정리되었고, 우리는 무사히 여정을 마무리할 수 있었다.

이후로도 우리의 편편님은 의정부, 창원, 경기 광주, 광양, 양주, 청주, 춘천 등 여러 도시에서 한 책으로 선정되었다.

한경면 판포리에 자리한 제주의 세 번째 이동 작업실. 판포는 관광지가 아니기에 거주하는 사람이 적었고, 숙소 주변은 양파밭이라 마침 수확철을 맞아 창을 열면 무르익은 양파 냄새로 가득했다. 덕분에 코막힘이 싹 사라지는 쾌청한 효과도 누릴 수 있었다. 고요한 양파밭 한복판에서 오직 우리만 "우와!", "크아!", "으쌰!" 하며 소리를 지를 뿐이었다.

코로나19의 여파로 일부 도시는 온라인 선포식을 진행하는 와중에, '춘천 한 도시 한 책' 역시 대면 행사를 알렸다. 우리는 기꺼이 응하기로 했지만 항공편 축소 운항과 임박한 일정, 주말 특수까지 겹쳐 제주발 원주행 항공편은 매진이었다. 서울발 춘천행 열차도 매진, 고속·시외·공항버스는 미운행이었다.

북 투어 프로모터로서 나는 결단을 내렸다. 한 책 선정 작가가 선포식에 참여하지 못한다면 그 또한 큰일이기에. 행사

전날인 금요일 오전 김포공항에 도착해 지하철을 네 번 갈아타고 춘천을 방문하기로 했다. 머나먼 여정이었지만 지하철 노선이라도 있는 게 어디냐며 우리는 기쁘게 즐겼다.

6월 11일 토요일 오후 네 시 '춘천 한 도시 한 책' 선포식 역시 시민들과 관계자 분들의 환대 속에서 무사히 치러냈다. 하지만 제주로 다시 돌아가는 길 또한 만만치 않았는데, 비행기 탑승까지 촉박한 시간을 고려해 장수영 주무관님이 우리를 태워 직접 원주공항까지 바래다주었다. 거기다 우리가 제주에 도착할 때까지 밥 먹을 시간도, 장소도 마땅치 않을 것 같다며 미리 주문한 김밥과 옥수수염차를 건네주기까지 했다.

이렇게 고맙고 불편한 북 투어라니!

난생처음 원주공항에서 비행기를 타고 제주에 도착했고, 다시 버스를 타고 새카만 밤이 되어서야 판포리 현관 안으로 발을 들일 수 있었다. 긴장이 풀린 우리는 누가 먼저랄 것도 없이 현관 바닥에 주저앉아버렸다.

올해의 책에 선정될 때마다 투표에 참여해준 독자들, 꼼꼼한 프로그램 기획으로 독서 문화를 이끌어가는 사서님들, 기꺼이 부모의 손을 이끌어 작가를 만나러 와준 소년소녀들에게 마음 깊이 감사드렸다. 덕분에 이 모든 일들이 가능했다.

책의 중요성을 이해하는 도시들이 저마다의 독서 문화를

만들어간다. 그들의 따뜻한 환대와 독서의 즐거움을 함께 나누는 이 여정을 통해 우리는 편편님을 향한 독자들의 사랑과 열기를 실시간으로 느꼈다. 이야기가 가진 힘도 생생하게 경험했다.

『불편한 편의점』은 대한민국 내 38개 지역에서 '올해의 책'으로 선정되었다(공식적으로 연락을 받은 지역, 기관에 대한 집계).

우리가 편편님을 어찌 리스펙트하지 않을 수 있으랴.

돌이켜보면 올해의 책 선정이야말로 이 경이로운 북 투어의 동력이자 근간이었다. 진심으로 전국 '한 도시 한 책', '올해의 책' 선정 제도가 작가와 그들의 책 여행에 계속 크게 기여해주길 바라 마지않는다.

05.
정선의 단풍

"행복은 뭔가 얻으려고 가는 길 위에 있는 것이 아니라
길 자체가 행복이라고."

—『불편한 편의점』, 140쪽

"김 대표님, 오늘 방문하는 정선 나전중학교, 수강 인원이 왜 전교생이죠?"

나는 마시던 물을 뿜으며 말을 이었다.

"푸흡…… 전교생이 서른한 명이라고 전에 말씀드렸습니다만?"

"아아……." 머쓱해진 K는 이내 눈을 감고 자는 척을 했.

업무 모드 스위치를 올리면 누가 시킨 것도 아닌데 서로 존댓말을 쓴다. 아마 다음과 같은 이유로 암묵적 합의에 이른 것이리라.

① 업무 중 말과 감정이 뾰족해질 수 있기에 사전에 방지하기 위함
② 관계자, 관객 앞에서 가족이 아닌 업무 관계임을 각인시킴
③ 출근과 퇴근 모드를 명확히 설정하기 위함

K와 나는 한집에 살지만 무척 독립적인 개체다. 도움이 필요할 때는 서로 협력을 요청하고 이외의 것은 스스로 감당하려 애쓴다. 두 사람 다 집안의 막내이자 둘째로 자랐고, 부유하지 못한 가정 형편으로 어릴 때부터 알아서 잘해야 했다. 또한, 개인 작업으로 자신을 표현하는 전공과 직업을 택했다는 공통점도 있다. 그는 이야기 속에서, 나는 음악 속에서 길을 찾았다.

그러나 『불편한 편의점』의 탄생과 함께 워터폴스토리를 창업하며 우리는 하루도 빠짐없이 모든 시간을 함께 보내게 되었다. 자연스레 일과 생활을 같이 잘해내려면 업무 모드 스위치를 On/Off 해야 했다.

문화예술 분야에서 10월은 이른바 대목의 달, 행사의 달이다. 실내외를 가리지 않고 무대가 될 만한 모든 곳에서, 모든 요일에 행사가 열린다.

출판업계도 마찬가지다. 특히 도서관을 중심으로 4월은 '도서관의 달', 10월에는 '독서의 달'을 맞아 각 지자체에서 대대적인 도서 행사를 연다.

지역 거점 도서관(시립·군립도서관) 단위에서 예산을 투입해 일주일간 독서 릴레이 행사를 진행하기도 하며, 각 도서 장르와 연령에 맞춰 작가 초청 강연, 북 토크, 관객 참여 프로그램을 운영한다. 월말에는 전국 각 지자체 단위로 예산을 투입해 '독서대전'을 개최, 인근 지역 주민들과 관광객까지 유치하기 위해 많은 노력을 기울인다.

덕분에 2022년 10월, K 역시 전국의 수많은 도서관과 학교로부터 초대를 받았다. 그 결과, 지옥캠프 수준의 북 투어 스케줄이 완성되었다.

10월 중순, 전주와 영광, 무안을 거쳐 목포에서 마무리하는 일주일간의 전라도 투어를 끝내고 집에 돌아왔다. 도착하자마자 짐을 풀고 빨래를 돌려놓은 뒤 밥을 먹으러 나갔다. 그리고 죽은 듯이 잠을 자고 일어나 빨래를 걷어 다시 짐을 꾸렸다. 다음 날 새벽부터 춘천을 시작으로 속초, 정선을 잇는 강원도 대장정이 기다리고 있었기 때문이다. 몸도 마음도 지친 우리는 이동하면서 점점 말수를 줄이고 얌전히 숨만 쉬었다. 그렇게라도 체력을 비축해야 다음 스케줄을 무사히 소화

할 수 있었다.

예전부터 수도권 이외의 지역으로 출장을 갈 때는 특별한 일이 없는 한 앞뒤로 최소 2일 이상 간격을 두어 일정을 잡았다. 직접 차를 몰아 운전을 하든 KTX나 고속버스를 이용하든, 장거리 이동은 출장자의 심신을 갉아먹기에 여백을 두어야 했다. 그 생각은 지금도 변함이 없다.

하지만 야속하게도 2022년은 8월부터 하루도 쉴 틈 없이 출장이 이어졌다. 지난달 충청도 북 투어는 집 밖을 나선 후 15일이 지나서야 귀가할 수 있었다. 정말이지 자우림과 새 앨범 발표 전국 투어를 할 때도 이 정도는 아니었다. SNS로 이따금 서로의 안부를 확인하는 옛 업계 동료들도 자신이 담당하는 아이돌 음원 발매 프로모션보다 우리 일정이 더 극한이라며 나의 컨디션을 걱정해주었다.

나도 내가 걱정될 정도였다. 짬을 내 링거와 영양제 투여로 겨우겨우 버텨내는 이 상황이 신기할 지경이었다.

그렇지만 가야 할 길이었다. 우리가 할 수 있는 건, 많은 사랑을 보내준 독자들을 만나러 한 곳이라도 더 찾아가는 것뿐이었다.

중·고등학교는 대부분 교육청 지침에 따라 정해진 외부 강사 수당을 작가의 출연료로 지급한다. 그래서 출연료를 협의하거나 조정할 여지가 없다고 해도 과언이 아니다. 하지만 당시 K는 출연료의 많고 적음은 딱히 고려하지 않았고 나 역시 같은 마음이었기에 그 뜻을 존중해 학교들을 찾았다. (물론 지금은 다각도로 고려하고 있다.) 다만 적정 인원 즉, 참여 관객 수에 대한 설정은 반드시 필요했다. 특히 학교 방문의 경우, 우리는 전교생 대상 강연은 지양하기로 방침을 정했다. 작가를 꿈꾸는 학생들, 책을 좋아하는 친구들, 최소한 문화예술 계열 직업에 관심이 있는 학생들을 대상으로 한정해 작가와의 만남을 진행하기로 했다.

 10월의 마지막 월요일. 진부역으로 향하는 기차 안에서 K가 스케줄표를 확인하며 나에게 뾰족한 말투로 이야기했다. 오늘 방문할 나전중학교는 어째서 전교생이 수강하는 것이냐고. 이제 관심 있는 학생들만 접수받기로 한 거 잊었냐고.
 "저기요, 작가님…… 크헙."
 마시던 생수가 컥 하고 목에 걸려 뿜어져 나왔다. K의 가시 돋친 말도, 반응도 억울함 그 자체였다. 스케줄을 접수할 때 전교생이 서른한 명뿐이니 모두 수강하도록 하자고 제안했던 건 본인이면서, 까맣게 잊어버린 채 이의를 제기하는 중이었다.
 솔직히 짜증도 났지만, 절묘하게 그 순간 생수가 뿜어져 나오며 험악해질 뻔한 분위기가 조금 풀어졌다. K님, 생수에게 감사하십시오. 부들부들.

정선 나전중학교는 강원도 교육지원청 정선교육도서관의 박알기, 최윤혜 주무관 두 분의 협업으로 방문할 수 있었다. 두 분은 우리가 KTX 진부역이나 정선 버스터미널까지 오면 픽업을 나와 학교까지의 이동을 지원하겠다고 제안했다.

KTX 또는 고속·시외버스터미널이 있는 광역도시의 도착역에서 이동 차량을 지원해주는 것은 지역 방문을 결정짓는 중요한 요인이 된다. 우리는 어지간하면 버스나 택시로 직접 이동하는 것을 선호하지만, 경우에 따라서는 지역 교통을 원활히 이용할 수 없는 경우도 있다. 첫 섭외 요청을 받았을 때, 나전중학교라는 이름보다 '정선'이라는 지역명에 초점을 맞춰 막연히 정선읍에 있는 학교일 거라고 예상했다. 방문을 2주 앞두고 상세 지도를 검색해본 뒤에야, 어째서 차량 지원을 먼저 제안했는지 알게 되었다. 나전중학교는 정선읍에서도, 진부역에서도 차로 한 시간 이상 걸리는, 그야말로 첩첩산중에 자리한 학교였다.

진부역으로 마중 나온 최윤혜 주무관과 반갑게 인사를 나눴다. 이번 주 내내 끊임없이 내리는 비와 피로 누적으로 K의 예민함도 나의 참을성도 한계에 다다른 상태였다. 하지만 우리는 프로니까 업무 모드 스위치를 올렸다.

최 주무관의 차는 진부역을 빠져나와 경사진 국도를 달렸다. 그칠 듯 말 듯 흩날리는 비가 묘한 분위기를 더하는 가운데, 어느 순간 정선 산자락 사잇길로 접어들었다.

"워어……!"

K는 창을 내려 손을 뻗었고, 나는 감탄사를 내뱉었다. 우중충한 날씨와 검게 선팅된 차창 너머, 초고강도 컬러의 단풍이 눈앞을 환히 적셨다. 이건 마치 이 세상 풍경이 아닌 듯했다.

"일하러 온 게 아니라 단풍놀이 온 것 같네요."

K의 진심 담긴 멘트에 모두의 입꼬리가 올라갔다. 정말이지, 이 가을에 강원도 단풍의 한복판으로 들어올 줄은 꿈에도 몰랐다. 도로의 해발고도 자체가 높다 보니 단풍으로 물든 능선 사이사이를 날아다니는 기분이 들 정도였다. 북 투어의 작은, 아니 확실한 즐거움은 바로 이런 우연한 행운을 만났을 때가 아닐까.

한 시간 남짓, 저세상처럼 느껴지는 정선 산골의 찐단풍을 만끽하고 나서야 우리는 저절로 마음의 안정을 되찾았다. 그리고 아담한 운동장을 울타리처럼 둘러싼 은행나무가 샛노랗게 물든 작은 산골 학교, 나전중학교에 도착했다. 교정의 모습이 너무 아름다워서 잠시 넋이라도 있고 없고 모드였다가 K가 보이지 않아 두리번거렸다. 그는 이미 저쪽에서 분주하게 사진을 찍는 중이었다.

픕. 작가님, 그만 들어오세요. 교감 선생님이 기다리고 계

📍 운동장을 둘러싼 커다란 은행나무가 샛노랗게 물든 나전중학교 교정.

신답니다.

 실내로 들어서자 1-1, 2-1, 3-1의 교실은 물론 화장실, 교무실까지 한눈에 들어왔다. 오늘의 행사 장소인 도서관은 한 층 위에 있었다. 국어 선생님과 함께 계단을 오르는데, 벽면과 창마다 붙어 있는 커다란 대자보가 눈에 띄었다. 작은 글자로 빽빽하게 채워졌음에도 '독고', '염 여사', '편의점'이라는 글자들이 한두 개씩 튀어나왔다. 눈을 크게 뜨고 자세히 들여다보니 전교생 한 명 한 명이 남긴 『불편한 편의점』의 독후감이었다.
 "작가님, 이것 좀 봐요! 이게 다 독후감······" 말하며 뒤돌아보자 이미 K는 대자보 속으로 빨려 들어갈 듯 가까이 붙어서 있었다. 뿌듯한 표정의 선생님들은 "아직 끝난 게 아니에요"라며 영문 모를 웃음을 지었다.
 위층 복도에 다다라 K와 나는 동시에 숨이 넘어갈 듯한 탄성을 내질렀다.
 도서관으로 이어지는 복도 벽과 천장에 학생들이 색연필과 마카펜으로 직접 그린 『불편한 편의점』 속 장면들이 가득했다. '참참참', '옥수수염차', '독고'와 '염 여사'의 캐리커처가 붙어 있었다. (독고의 얼굴이 순정 만화 주인공 뺨치는 꽃미남인 것은 왜죠? 학생들의 마음일까요?)

이것이 끝이 아니었다. 도서관 안에도 학생들의 상상 속에서 다시 태어난 'ALWAYS편의점'의 다양한 오브제가 그려져 붙어 있었다. 칠판에는 K에게 궁금한 내용을 가득 적은 포스트잇들로 빼곡했다.

그러나 와우 포인트는 하나 더 있었다.

K가 도서관에 들어서는 순간, 서른한 명의 학생들은 삼백 명에 버금가는 기합으로 열과 성을 다해 우레와 같은 함성의 결정체를 들려주었다. 아이들이 기절하는 건 아닐까 걱정이 될 만큼 엄청난 에너지였다.

만개한 단풍이 우리 가슴에 스민 그날, 작가를 만난 학생들은 감동했을까? 물론 그랬다. 하지만 가장 큰 감동을 받은 사람은 눈시울이 붉어진 채 학생들 앞에 선 K였다. 지쳐 쓰러질 것 같던, 작은 불씨로도 어쩌면 크게 다퉜을지도 모를 그날, 생각지도 못한 감동의 순간이 찾아왔다.

나는 도서관 책장 뒤편, 아무도 보이지 않는 곳에 숨어 몰래 울었다.

불현듯 글렌체크Glen Check의 첫 단독 콘서트가 떠올랐다. 준비 과정부터 많은 난관에 부딪혔고, 무대에 오르는 순간까지도 아티스트들과 나는 기대감과 불안감에 휩싸여 있었다. 마지막 곡 〈VIVID〉의 전주가 흐르는 순간, 터져 나온 관객들의 환호와 멤버들의 표정을 보고 '이제 됐구나' 싶은 안도감에 무대 옆에서 혼자 펑펑 울었던 기억.

나는, 나의 아티스트가 지친 와중에도 그것을 씻어낼 만큼 무대 위에서 자신을 찾아가는 순간을 목도하는 '그 순간'을 좋아한다. 아티스트의 미묘한 표정과 몸짓을 읽어내 위기의 순간엔 보호하고, 당황할 때 대신 나서고, 지쳤을 때 한 발짝 더 움직이고, 기뻐할 때 진심으로 축하해주는 일. 그것을 직업으로 삼았기에 어쩔 수 없는 노릇이다.

그리고 지금 내 앞의 K 역시 장기 북 투어의 피로를 말끔히 씻어내고, 이 작고 아름다운 학교의 전교생 앞에서 활짝 웃고 있지 않은가.

질 수 없지. 내가 더 크게, 활짝 웃어주겠어!

06.
태풍과 북 투어 (feat. 힌남노)

"그래서 아저씨도 인생 궤도를 수정했어요?"

―『불편한 편의점 2』, 142쪽

2021년 여름부터 집필 아이템을 구상하고 조합하고 해체하고 다시 재조립하며 보낸 6개월, 집중 집필을 위해 홀로 서귀포 위미에 틀어박힌 3개월, 초고의 수정, 교정본을 수없이 고친 4개월간의 마무리 끝에 2022년 6월 30일, K는 『불편한 편의점 2』를 탈고했다.

우리는 즉시 제주 작업실을 정리하고 서울로 돌아왔다. 바로 7월 3일부터 김해 화정글샘도서관을 시작으로 전국 북 투어가 펼쳐지기 때문이었다. 예전 같으면 탈고 후 자신의 몸 상태를 회복하기 위해 나름의 다이어트를 하던 K였는데, 지금은 도무지 그럴 틈이 없었다. 나 역시 행사 일정이 바빠지면 힘들어서라도 자연스레 살이 빠지겠거니, 안일한 생각을 했다. (그 살은 지금도 유지 중입니다. 이젠 안 빠져요.)

7월 한 달간, 일주일에 대략 3~5회의 작가와의 만남을 소화했다. 지난해 말부터 접수된 중·고등학교, 대학교, 도서관, 기업체 등의 행사를 소화하는 와중에도 문의는 지속되었고, 5월 중순경 연말까지의 스케줄이 대부분 들어차게 되었다.

8월에는 마침내 『불편한 편의점 2』가 출간되었다. 이는 빠듯한 일정 중 그나마 비었던 하루이틀마저도 출간 프로모션에 바쳐야 한다는 의미이기도 했다.

『불편한 편의점』이 출간되던 2021년 4월에는 어떤 매체에서도 관심을 보이지 않았다. 하지만 50만 부 판매 이후부터는 달라졌다. 이른바 4대 신문사와 잡지사는 물론 각 지역신문, 인터넷 미디어에서도 속편의 출간 인터뷰를 원했다. 어떤 곳에서는 자신들의 기사가 먼저 나와야 한다며 무조건 더욱 빠른 일자를 요구하기도 했고, 또 다른 매체는 당장 녹취를 따서 기사로 내보내야겠으니 김호연 작가가 옆에 있다면 바꿔달라고 요청하기도 했다.

우리는 최대한 침착하게 미디어의 요청에 협력하며 작가와의 만남 역시 이어갔다. 결국 8월 23일부터 12월 17일까지 K는 단 하루도 쉬지 않고 일할 수밖에 없었다. 그도 그럴 것이, K와 내가 코로나19 확진으로 격리되면서 그 기간에 계획했던 출간 사인회, 작가와의 만남, 인터뷰를 그나마 비어 있던 날짜에 모조리 끼워 넣어야 했기 때문이다.

그렇게 봇물 터지는 일정을 맞이한 9월. KTX를 친구 삼아 도시와 도시 사이를 누볐다. 4일엔 대구 교보문고 사인회, 5일엔 청주고등학교, 6일엔 경주 외동중학교, 7일엔 부산 시민도서관에 방문하기로 약속했다. 하지만 불길한 예감은 늘 빗나가지 않듯 이 기간, 초강력 태풍 힌남노가 한반도에 상륙한다는 것이다! 안 그래도 9월 1일부터 계속 비를 맞으며 이동하던 터라 몸도 마음도 그저 간신히 버텨내는 것이 전부였다.

힌남노는 '물 폭탄'이라는 수식어와 함께 기차를 탈선시키고 바위도 날려버릴 만한 강풍까지 동반했다. 그야말로 맹렬한 폭군의 기세를 떨치며 한반도로 다가오는 중이었다. 긴급 속보로 대만의 산사태 장면과 나무가 바람에 숭덩숭덩 뽑혀 나가는 오키나와의 피해 사례도 반복 재생되었다.

나는 각 지역 담당자들과 기민하게 연락을 취했다. 태풍이 오면 일단 KTX의 운행이 불투명해지기에, 제때 해당 지역에 도착하지 못할 가능성이 커지고 그러면 강연은 불발되고 만다. 이와 같이 출장자들에게는 날씨와 이동 수단의 불확실성이 늘 변수로 작용한다. 다년간의 매니저 짬바로 깨달은 점이 있다면 폭우와 폭설엔 버스나 대체 교통편도 위험하긴 마찬가지라 뭐든 쏟아지기 전에 움직여야 한다는 것이다. 지금 역시 가만히 있으면 안 되는 상황이었다.

그러던 와중 5일 이른 새벽, 경주 외동도서관의 프로그램 담당자 박정미 사서에게 전화가 걸려 왔다. 경북교육청 산하 모든 기관에서 6일 휴교를 명했기에 예정된 외동중학교 작가와의 만남도 취소된다는 내용이었다. 이는 연기나 조정이 아니라 완벽한 취소를 의미했다. 왜냐하면 바로 이어 추석 연휴가 시작되는 데다, K의 이후 일정은 충청북도 – 강원도 – 전남 광주 등으로 쉼 없이 이어지는 까닭이었다.

나는 통화를 마치고 K를 깨웠다. 이대로라면 KTX가 멈춰 내일모레 진행될 부산 시민도서관 일정에도 차질이 생길 것은 분명했다. 게다가 부산은 이미 8월 예정이던 일정을 코로나19 격리로 한 차례 재조정한 상태였다. '원북원 부산'으로 많은 사랑을 보내준 부산 시민들을 재차 실망시킬 순 없는 노릇이라 고민은 깊어졌다. K는 오늘 청주고등학교 일정을 마치면 즉시 부산으로 가자고 제안했다.

그래, 태풍을 맞더라도 차라리 부산에서 맞자!

우리는 일사불란하게 역할을 분담했다. K는 청주에서 부산으로 가는 가장 빠른 교통편과 당일 입실 가능한 부산의 숙소를 알아보기로 했고, 나는 경주의 숙소에 연락해 예약을 취소하고 청주-경주-부산의 KTX 티켓도 취소했다.

5일 늦은 밤 도착한 부산은 역대급 태풍에 대비하고 있었다. 말 그대로 '태풍 전야'. 거리 곳곳에는 전운의 비장함마저 감돌았다. 늘 번화한 남포동에도 사람이 없었다. 상점들은 이른 마감 후에 모래주머니로 매장 앞을 막고, 신문지와 비닐로 유리창과 문틈을 보수했다. 온 사방에 박스 테이프를 쫙쫙 뜯어 붙이는 소리가 어찌나 우렁차던지, 소름이 끼칠 정도였다. 포장마차들도 강력한 덕 테이프로 포장 틈새를 단단히 막은 후 전봇대나 건물 사이에 꽁꽁 묶어둔 채였다.

　이쯤 되니 혹시 고립될까 두려움이 몰려왔다. 우리는 근처 편의점에서 참깨라면, 참치김밥, 옥수수염차를 잔뜩 사서 비축했다. 이 와중에도 '참참차' 조합을 선택하다니, 실소가 나왔다.

　자정을 넘기자 빗소리와 강풍이 무섭게 창을 두드렸다. 어쨌든 오늘은 휴무고 비상식량도 있으니 숙소에서 안전하게 보내자며 잠을 청했지만 심란해서 새벽녘 눈을 뜨고 말았다. 그리고 뉴스를 켰다. 아…… 힌남노는 물 폭탄이 되어 경주를 폭격했다. 천년 도시의 천년 유물을 마구 뒤엎어놓았다. 고분은 무너졌고, 형산강은 범람했고, 시장과 구도심도 물에 잠겼다. 포항의 피해도 심각했다. 예상했던 대로 KTX의 운행은 중단되었다.

　부산은, 적어도 우리가 머물던 남포동 일대는 의외로 괜찮

앉다. 하루 먼저 부산으로 내려오길 잘했다고 생각하면서도, 만나지 못하게 된 외동중학교의 학생들을 생각하면 안타까웠다. 힌남노로 많은 피해를 본 경주와 포항의 시민들이 걱정됐다. 미리 휴교령을 알려주고 조치를 취할 수 있게 도움을 준 박정미 사서님께 고마운 마음도 들었다.

힌남노가 지나간 이후, 박 사서와 한 달가량 연락을 나누었다. 그리고 학기가 끝나기 전인 12월 9일을 겨우 확보해 외동중학교를 찾게 되었다. 다만 앞뒤 이동 일정이 너무 빠듯해 박 사서님이 KTX 신경주역에서 학교까지, 다시 학교에서 포항터미널까지 우리를 바래다주기로 했다(다음 날 오전 '원북원포항' 행사를 앞두었기 때문에……).

외동읍이 경주 시내에서 조금 벗어났으리라 짐작은 했지만, 오히려 울산에 더 가까웠다. 이는 곧 신경주역에서 학교까지 거의 한 시간을 차로 이동한다는 뜻이었다. 박 사서님은 학생들과의 가교가 되기 위해 자발적으로 작가에게 이동 편의를 제공했다. 우리로서는 그저 감사할 따름이었다.

반년 넘게 이날을 위해 애쓰다 보니 박정미 사서와 정이 들었나 보다. 신경주역에서 그녀를 만나자마자 반가움과 뭉클함에 서로 팔을 덥석 잡고 꽤 오랜 시간 안부를 나누었다.

그녀의 차에 올라 학교로 가는 내내 대화가 끊이지 않았다.

물론 힌남노 이야기도 빼놓을 수 없었다. 그리고 뜻밖의 서프라이즈도 있었다.

"사실 아이들은 오늘 작가님이 오시는 걸 몰라요. 학교도 도서관 관계자들도 태풍에 취소되면서 끝이라고 생각했거든요. 경주 외동 지역은 작가님들이 정말 거의 오지 않는 지역이라…… 그래서 오늘 행사를 몰래카메라처럼 아이들에게 비밀로 하기로 했어요!"

"그럼 학생들을 어떻게 모으나요?"

앞좌석으로 바짝 몸을 기울이며 질문하는 K의 뒤통수에서 '신남'이 분출되고 있었다.

"다목적실이라고 교내 강당이 있는데, 일단 독서 행사한다고 모아놓기로 했어요. 그래서 작가님이 보이면 큰일 납니다. 꼭꼭 숨어야 해요."

마침내 도착한 외동중학교.

누가 시키지도 않았건만, 차 문을 열고 내리면서부터 몸을 반쯤 굽히고 종종걸음으로 학교 건물 1층에 들어섰다. 말하지 않아도 다 안다는 듯, 마중 나온 선생님들도 모두 손으로 입을 틀어막고 눈으로 웃으며 살금살금 인사 나눴다. 학생들이 모여 있는 다목적실 바로 맞은편 교실을 은폐·엄폐물로 삼았다. 그곳에서 불도 켜지 않은 채 자세를 바르게 펴고, 숨도 고르고, 옷매무새를 정리했다.

선생님의 오케이 신호에 따라 K는 다목적실 앞문 벽에 바짝 붙어 대기했고, 나는 당당하게 뒷문으로 먼저 들어갔다. 평소에 보지 못한 낯선 이가 등장하자 학생들의 시선이 내 쪽으로 확 쏠렸고 덕분에 관심을 분산시킬 수 있었다. 그때 선생님이 힘찬 목소리로 외쳤다.

"『불편한 편의점』의 김호연 작가입니다. 환영의 박수~"

선생님의 소개가 끝나자마자 K는 활짝 열린 문을 날듯이 통과해 뿅! 하고 다소 과장된 몸짓으로 학생들 앞에 등장했다.

"으와의아캬아아아아아아아악~!!!!!!"

세상에, 그 순간만큼은 월드 스타가 따로 없었다. 학생들의 경악을 품은 함성은 놀이동산을 방불케 했고, 강당이라 울림 효과까지 더해져 고막이 찢어질 듯한 포효로 되돌아왔다. 그 에너지는 폭우와 벼락, 강풍을 동반한 힌남노보다 더 강력한 것이었다.

긴밀한 소통과 차량 픽업, 샌딩을 도맡아 진행해준 박정미 사서님, 보안을 철저히 지켜준 외동중학교 선생님들, 기꺼이 속아 열렬히 환영해준 천진난만한 학생들 덕분에, 그날은 K가 태어나 가장 크고 긴 환호성을 받은 날이 되었다.

뒤에서 그 모든 상황을 지켜보는 나로서는 뭐라 형언하기 힘든 감정에 사로잡혔다. 산고에 버금간다는 탈고의 고통을 이겨낸 편편님의 행보에 동행한다는 이유로 이런 감동적인 광경을 다 보는구나, 싶어서 금세 또 울컥해졌다.

태풍과 깜짝쇼로 더욱 특별해진 외동중학교에서의 북 투어.

그때의 감동을 편편님의 독자들과도 나누고 싶다고 생각한 것이 지금 이 글을 쓰게 만든 동력 중 하나다. 모든 책 속 이야기가 다르듯 북 투어의 여정 속 사연도 다 다르다.

그 이야기를 계속 나누고 싶었다.

07.
단 한 번의 편의점 북 토크

> 오늘 밤은 '참참참'이다. 지난 몇 개월간 선택해온
> 경만의 최적의 조합이 바로 이것이었다.
>
> ─『불편한 편의점』, 112쪽

전국의 독서 모임은 몇 개나 될까? 적어도 3천 개쯤 될 것 같다. 시군구 도서관 산하의 독서 모임, 교육청 도서관 산하의 독서 모임, 공공기관 산하의 독서 모임, 회사 내 독서 모임, 지역 서점의 독서 모임, 종교인들의 독서 모임, 아파트 독서 모임, 교육과 토론 플랫폼 내 북클럽, 온·오프라인 독서 동호회, 교내 독서 동아리 등 수많은 독서 모임이 존재한다.

그런데 오히려 책 판매량과 독서 인구는 가파르게 줄어들고 있다는 보도가 이어진다. 그런 보도를 볼 때마다 안타까운 생각이 든다. 출판사든 플랫폼 사업자든 혹은 정부든 이런 독서 모임 또는 독자들과의 연계를 통한 다양한 사업 방안을 기획하면 좋으련만.

물론 유의미한 시도도 다양하게 이루어지고 있다. 전국의 여러 도시들이 독서대전과 북 페스티벌을 개최해 문학 도시로 거듭나길 열망한다. 하지만 이미지만 이식한 뒤 일회성으로 끝나는 정책도 허다하기에, 그런 행사에 다녀올 때는 아쉬운 마음이 든다. K-컬처 경쟁력을 키우는 데는 단기간의 투자로 빠른 결과를 얻기보다 오랜 시간을 유지할 수 있는 항상성이 중요하다는 것을 작가, 독자, 관계 기관 모두 기억해주면 좋겠다.

『불편한 편의점 2』의 출간과 함께 전국의 많은 독서 모임에서 K와의 만남을 요청했다. 하지만 대부분 수락할 수 없었는데, 그 까닭은 이미 2022년 7월에 가용할 수 있는 모든 날짜를 총동원한 결과 연말까지 스케줄이 다 차버린 탓이 컸다. 그런 와중에도 공들여 날을 잡아 진행한 단 한 번의 특별한 독서 모임이 있었으니, 바로 '늘북'과의 만남이다.

영등포구 문래동에 거주하는 30~40대 워킹맘이 주 구성원인 늘북은 'GS25 문래그랜드점'과 인연이 닿는 모임이다. 문래그랜드점은 '불편한 편의점'이라는 책의 제목을 떠올리게 한 원천이자 K의 대학 선배 부부가 운영하는 바로 그 편의점이기도 하다.

몇몇 매체에서는 이 편의점에서 『불편한 편의점 2』 출간 인터뷰를 진행하고 촬영했다. 우리로서는 영업을 방해하는 꼴이 되어 너무 미안했는데, 선배 부부는 전혀 개의치 않고 오히려 기꺼이 장소를 제공해주었다. 이 부부는 일본에 거주할 당시 우리와 함께 후지산에도 올라 전우애를 불태우기도 할 만큼 각별한 사이이기도 했다.

편의점에서 인터뷰를 진행할 때마다 야욕을 불태우는 신 스틸러가 있었는데, 바로 점주 오평석 씨*다. 그렇다! 그가 바로 K의 입에서 "형이 하는 편의점은 불편한 편의점일 것 같은데, 의외로 편하고 좋네요"라는 말을 하게 만든, '불편한 편의점'이라는 제목을 떠올리게 한 인물이다. 그의 거친 얼굴과 불안한 눈빛을 지켜보는 나로서는 인터뷰 때마다 조마조마한 마음이지만, 놀랍게도 그는 달변을 펼쳐 YTN 뉴스 영상에 출연하는 기염을 토하기도 했다.

오 점주의 아내이자 K와 대학 동기인 정유리 씨**는 일본문학 번역가이기도 하다. 내가 읽은 여러 일본 소설을 번역했다.

- 오평석 씨: K의 대학 선배. '불편한 편의점'이라는 작명에 크게 기여한 인물. '독고'는 아님.
- 정유리 씨: 『불편한 편의점』의 감수자이자, 일본 소설 전문 번역가. K의 대학 동기. 『뱀에게 피어싱』, 『전차남』, 『발로 차 주고 싶은 등짝』, 『1파운드의 슬픔』, 『엔젤 미트 파이』 등을 번역했다.

와타야 리사의 『발로 차 주고 싶은 등짝蹴りたい背中』도 그녀의 번역 작품이다. 아무리 의역이라 해도 '걷어차고 싶은 등' 정도로밖에 해석할 수 없건만, '발로 차주고 싶은 등짝'이라니! 그런 정유리 번역가가 K의 절친이었다!

정유리 씨는 독서 모임 늘북의 운영자 공민성 씨와 한국문학번역원 동기로, 『불편한 편의점 2』의 편의점 장면들의 감수를 마무리할 즈음 늘북과의 만남을 조심스럽게 제안해 왔다. K와 나는 할 수만 있다면 언제 한번 '편의점 북 토크'를 진행해보고 싶었다. 특히 문래그랜드점의 야외 테이블은 나무로 만들어져 아늑했고, 가을이면 노란 은행잎마저 우수수 흩날려 운치 만점이었다.

하지만 가능한 날짜가 극히 제한적인 상황. 어떻게 해야 할까 고민하던 차에, K가 마침 선배 부부가 새로이 오픈한 'GS25 신림난우점'을 방문하고 왔다. 그 순간 머릿속에 화르륵 불꽃이 일었다. 그렇게 늘북과의 만남은 마치 처음부터 신림난우점에서 진행하기로 한 것처럼 일사천리로 결정되었다.

늘북 운영진은 꼼꼼하게도 작가와의 만남 계획안을 보내 왔다. 그중 '다 함께 참참참'이라는 코너가 흥미로웠다. 이는 『불편한 편의점』에 등장하는 '참참참'을 저녁 식사로 함께 먹으며 이야기를 나눈다는 콘셉트였다. 다만 K의 이야기 방식에 대해서는 더 고민할 필요가 있었다.

불특정 다수가 이동·이용하는 편의점의 특성상 작가의 1인 특강은 어려웠다. 주변이 어수선한 상황에서는 일대일 대담 형태의 북 토크가 제격이라 늘북 대표 공민성 씨의 주도하에 북 토크가 진행되길 요청했는데, 결과적으로 내가 진행자로 나서게 되었다.

내게 북 토크 진행은 그리 어려운 일은 아니다. 몇 해 전까지 WBS 원음방송 〈밴드피플 라디오스타〉라는 프로그램에서 5년간 '인디통신' 코너를 맡아 진행하며 청취자들을 만나기도 했다. 또 한편으로는 작품과 작가에 대해 속속들이 꿰고 있기에 늘북의 역제안을 흔쾌히 수락했다.

정신없이 전국 북 투어를 소화해낸 2022년의 막바지, 드디어 신림난우점에서 늘북과의 만남이 열렸다. 이런 행사는 낄끼빠빠가 중요하기에 내가 진행하는 북 토크는 30분가량 짧고 굵게 끝내는 대신 참석한 열 명의 멤버들이 K에게 직접 질문하고 답변을 받는 시간을 편성했다. 그것이 더 의미 있는 편의점 북 토크가 되리라 생각해서였다.

- 참참참: 참깨라면, 참치김밥, 참이슬 소주의 앞 글자를 딴 명칭. 『불편한 편의점』 '경만'의 최애 조합.

아니나 다를까, 회원들은 오늘을 위해 반년 동안 함께 읽기와 독서토론 시간을 가졌다. 덕분에 한 사람도 빠짐없이 『불편한 편의점』 시리즈를 통해 느낀 감정과 책이라는 매개체로 타인과 소통하게 된 이야기를 다채롭게 들려주었다. 오늘의 하이라이트 '다 함께 참참참' 코너 역시 성공적이었다. 소설 속 '독고' 씨와 'ALWAYS편의점' 속 인물들이 한 편의 드라마처럼 눈앞에서 재생되는 듯했다.

이 경험으로 나는 전국의 독립 서점과 독서 모임에 기여할 방법을 다시금 고민하게 되었다. 어쩌면 우리가 먼저 그들에게 다가갈 수도 있겠다는 가능성도 엿보았다.

책과 함께 마음과 음식을 나누는 사람들이 더 많아지기를, 오늘도 강렬하게 빌어본다.

08.
대만 최고의 야시장은 24시간 서점

> 人們像是被傳染一樣，一一開始露出笑容。
> 不，應該說笑容擁有無比強大的傳染力吧？
> 사람들은 전염된 듯 웃고 있었다.
> 아니, 웃음이야말로 지구 최강의 전염병이라고 했던가?
>
> ―『불편한 편의점 2』, 316쪽

해외에서 에디션을 낸다고요?!

문화예술인을 오랜 기간 뒷받침하다 보면 어느새 그들과 같은 꿈을 꾸게 된다. 아니, 그들보다 더 멀리, 더 높은 꿈을 좇는다. 당초 『불편한 편의점』 해외 진출의 꿈은 무척이나 소박했다. '타 국가, 타 언어로 출간되길', 다른 하나는 '해외 독자와 만나게 되길' 정도였다.

이토록 소박한 꿈을 와장창 깨부숴버린 건 2022년 11월 『불편한 편의점』을 출간한 대만 출판사 북라이프BOOKLIFE에서 보낸 한 통의 메일이었다. 담당 편집자 율리Chu Yuli 씨가 내년 3월 1일 『不便利的便利店』*의 벚꽃 에디션 출간 계획을 알려왔기 때문이다.

실로 소박하지 않은 제안이었다.

"이게 무슨 말이야, 해외에서 에디션을 낸다고?"

턱관절이 빠질 것처럼 크게 놀란 K의 얼굴을 보며 대답했다.

"우리, 편편님 대만판 만나러 한번 가 볼까?"

"내 책 해외판 현지 서점에서 보는 게 소원이었어! 근데 지금 에세이 마감을 해야 하니까…… 이거 마치고 가야 할 텐데…… 그때까지 매대에 있을까?"

"그러면 대만판 벚꽃 에디션 나오는 그 주에 딱 맞춰 가자."

『不便利的便利店』은 『불편한 편의점』의 대만판(중국어 번체) 제목이다. 2022년 9월 출간되어 대만, 홍콩, 마카오를 중심으로 절찬리 판매 중이다. 사실 해외판은 출간되는 것만도 영광이라 여겼고 중쇄는 언감생심이었는데, 대만에서는 출간 즉시 베스트셀러에 오르더니 한 달도 채 되지 않아 재쇄, 3쇄 어느덧 10쇄까지 훌쩍 넘겨버렸다. 급기야 벚꽃 에디션의 출간을 결정할 만큼 높은 판매고를 올린 것이었다.

12월 초, 율리가 또 메일을 보냈다. 『不便利的便利店』이 출

- 『不便利的便利店』: 2022년 9월 북라이프圓神出版社 산하의 소설 브랜드 솔로 프레스寂寞, Solo Press에서 출간.

간 3개월 만에 대만 온·오프라인 서점과 전자책 번역소설 부문 1위에 랭크되었고, 2022년 결산 '성품서점誠品書店, Eslite 올해의 책', '금석당서점金石堂, Kingstone 올해의 영향력 있는 10권의 책'으로 선정되었다는 소식이었다. 한 글자 한 글자 보는데 심박수가 너무 올라가 염려가 될 지경이었다.

시상식도 열렸으나 당시 K는 창작 에세이 『김호연의 작업실』 막바지 작업 중이라 참석하지 못하고 영상으로 대만 독자들에게 감사의 말을 전했다.

코로나19 이후 드디어 하늘길이 열리고, 각국에서는 외국인 입국 시 필수였던 자가 격리 조치를 점차 폐지하는 추세였다. 최근 대만 여행을 다녀온 지인들의 후기를 점검한 뒤 4박 5일 일정으로 항공과 숙박 예약을 마쳤다. 오랜만의 해외 출국이자 타 언어로 번역되어 베스트셀러가 된 편편님을 만나러 가는 첫 여정, 그에 더해 우리 둘 다 대만 첫 방문이라 '설렘'이라는 단어로 이번 북 투어를 표현하기엔 한참 부족했다.

연말 인사와 함께 율리에게 메일을 보냈다. 내년 3월, 작가의 대만 방문 소식을 알리며 가능하다면 출판사 팀원들과 인사를 나누고 싶다는 의견도 전달했다.

초대를 받은 것도 아닌데 출판사까지 방문하는 게 괜한 오지랖은 아닐지 K가 걱정했다. 하지만 나는 잘 알고 있었다.

책이건 음반이건 발표 시기에 맞춰 프로모션이 일어나려면 어느 한쪽은 오지랖을 부려야 한다는 것을. 그리고 상대가 반드시 이쪽 의도를 읽어주리란 것을.

3일도 3주도 아닌 무려 3개월 전에 작가 측에서 자발적 방문 일정을 알린다는 것은 『不便利的便利店』의 벚꽃 에디션 출간 프로모션에 적극 동참하겠다는 의지를 표명하는 것이나 다름없으니까.

역시나 율리와 마케팅팀 효미Hyomi, 아문Yawen은 크게 기뻐하며 이쪽의 의도를 찰떡같이 알아차렸다. 그리하여 3월 11일 토요일 하루를 프로모션 데이로 출판사에 맡기기로 했다. 그리고 천군만마와도 같은 나무옆의자 이수철 대표도 북투어에 합류했다. 그는 대만에서의 매 끼니를 책임진다는 막강한 공약을 내걸었고, 알코올메이트의 합류에 K는 무척 기뻐했다.

펄럭이는 현수막, 놀라운 환대

4년 만에 찾은 인천공항. 맙소사! 공항을 이용하면서 처음 보는 어마어마한 인파였다. 업무 출장을 떠날 땐 묻지도 따지지도 않고 출발 세 시간 전 공항에 도착한다는 신념을 가졌기에 망정이지 하마터면 비행기에 탑승하지 못할 뻔했다. 여행

캐리어를 위탁하는 데만 90분을 기다렸고, 보안 검사는 80분을 기다렸다. 우리 셋은 뛰듯이 탑승구에 도착해 겨우 비행기에 올랐다.

숨을 고르고 기내식을 먹으며 단편 애니메이션을 한 편 보고 나니 벌써 타이베이 국제공항에 도착했다. 한국의 봄은 아직 쌀쌀한데, 이곳은 따뜻한 남쪽 나라답게 한여름의 더운 공기가 훅— 하고 들어왔다. 출입국 수속을 모두 마치고 캐리어가 나오길 기다리며 대만에서 사용할 스마트폰 요금제를 활성화시켰다.

세 사람이 함께 이동할 예정이라 우버 택시를 불러 호텔로 가자며 입국장 바깥으로 나서는데 어디선가 환호성이 들렸다. K와 이 대표는 한류 스타가 같이 입국한 것 같다며 사방을 두리번거렸다. 하지만 나는 알고 있었다. 캐리어를 찾을 때 율리가 보낸 메시지를 확인했기 때문이다. 잠시 뒤, K는 '엇' 하는 소리와 함께 얼음장처럼 빳빳하게 굳어버렸다.

" 熱烈歡迎!!『不便利的便利店』作家 金浩然 김호연 先生 臺灣訪問!! "
Mr. Kim Ho-Yeon Welcome to TAIWAN

그들이 왔다! 출판사 북라이프의 직원들과 『불편한 편의점』 대만판 번역자 핑팡陳品芳, Chen Pinfang까지 공항으로 우리를 마중 나온 것이었다.

게이트가 열리자마자 K를 알아본 그들은 즉시 새빨간 현수막을 쫙— 펼치며 합창하듯 환호했다. "熱烈歡迎!! 『不便利的便利店』作家 金浩然 先生 臺灣訪問!!" 『불편한 편의점』 김호연 작가의 방문을 열렬히 환영한다는 뜻이었다. 한자, 한글, 영어가 모두 표기된 엄청난 박력의 현수막이었다.

순간 공항 안의 모든 사람들이 K를 쳐다보았다. 나와 이 대표는 한 발짝 떨어져 어쩔 줄 몰라 하는 그를 흐뭇하게 지켜보았다.

북라이프 출판사는 타이베이 아레나 부근 고층 빌딩 사이에 자리하고 있었다. 6층에서 엘리베이터 문이 열리는 것과 동시에 우리는 또 한 번의 환호성을 들었다. 북라이프 전 직원이 복도부터 양쪽으로 도열해 환영 인사로 반겨준 것이다. 현수막은 여기서도 박력 있게 펄럭였다.

대만에서도 손꼽히는 대형 출판사답게 눈에 보이는 인원만 해도 대략 50명 이상이었다. 한국에서도 이 정도 규모의 출판사는 많지 않을 터였다.

K는 격한 환영에 짧게나마 감사의 인사를 전했다. 우리는 분위기를 더하고자 한국에서 챙겨 온 각종 선물을 한 보따리

풀어놨고, 출판사 직원들도 K에게 선물 하나를 전했다. 상당히 무겁고 제법 커 보였는데, 열어보니 지난 12월 수상한 '금석당서점 올해의 영향력 있는 10권의 책' 트로피였다.

이어 즉흥 사인회도 열렸다. 직원들이 자신의 책, 친구와 가족에게 선물할 책을 가져와 사인을 받았다. 작가에게 전하고 싶었던 말들을 한글로 연습해 적어 오거나 들려주었다. 한편으로 번역가인 펑펑 씨가 통역까지 해주어 무리 없이 의사소통을 할 수 있었다.

출판인들의 사랑을 받는다는 것은, 베스트셀러가 되는 것과는 또 다른 의미를 갖는다. '인정'을 받았다는 기분도 든다. 게다가 한국도 아닌 외국의 출판인들에게 응원을 받다니…… 내가 이렇게 눈물이 많은 사람이었던가? 서둘러 미간을 엄지와 검지로 꾸욱 눌러 진압했다.

대만 독자들과의 만남

2023년 3월 11일 토요일 오전. 중앙통신사中央通訊社, CNA와 리드무ReadMoo(대만 대표 전자책 플랫폼) 등의 매체와 인터뷰를 갖고 오늘의 행사장인 성품 신의점* 3층에 입성했다. 성품백화점 내 3층 전체가 성품서점이었고, 독자와의 만남은 갤러리 홀 '전장돈남典藏敦南'에서 진행될 예정이었다.

홀에는 50여 개의 임시 좌석이 준비되었고, 미리 와 줄을 선 관객들과도 악수하며 짧게 인사를 나누었다. 그런 뒤 서점원의 안내를 받아 『不便利的便利店』의 특별 매대 앞에 섰다. 5월 1일 출간을 앞둔 『不便利的便利店 2』의 포스터까지 함께 진열되어 있었다.

이윽고 몇 발짝 더 이동해 베스트셀러 순위표 앞에 다다랐다. 방문 시점 당시 25주 연속 번역문학 1위에 오른 것을 확인하며 진심과 과장이 조금 섞인 모습으로 순위표 속 책을 부둥켜안고 감격의 소리를 내질러야 했다(그 모든 주접의 순간이 북라이프 마케팅팀의 동영상으로 박제됐다는 걸, 한국에 돌아오고 나서야 알게 되었다지 뭡니까!).

성품서점의 외형적 모양새는 이를테면 한국의 교보문고와 많이 닮았다. 서점으로 시작해 영화관, 공연장, 백화점, 호텔 등으로 사업을 확장한 컬처 허브로서의 역할을 하는 대기업이었다. 심지어 성품서점 신의점을 비롯해 몇 지점은 24시간 영업을 고수한다고 했다. 대만의 밤엔 야시장만 북적이는 게 아니었다. 다음엔 꼭 대만 서점에서 밤을 지새보고 싶었다.

서점원과 함께 투어를 마치고, 대만 독자와의 만남을 위해

- 성품 신의점誠品信義店은 아쉽게도 2023년 12월 24일을 끝으로 18년의 영업을 종료했다.

> 성품서점 방문 당시 『불편한 편의점』은 25주 연속 번역문학 1위였다.

전장돋남 홀로 다시 이동했다.

여기서 우리는 또 '이게 무슨 일이야!'를 외치고 말았다. 과연 50석을 채울 수 있을까? 걱정 반 기대 반이었건만, 의자는 온데간데없어지고 스탠딩으로 관객이 가득 입장해 있었다. 그냥 봐도 100명은 족히 넘어 보였다. 맨 앞줄 관객은 세 시간 이상 서 있는 중이라고 했다. 이제는 고맙다는 말을 넘어 미안할 지경이라 1분의 지체도 없이 행사를 시작했다.

K는 자신에 대한 소개와 함께 『불편한 편의점』 집필기를 아낌없이 대만 독자들과 나누었다. 쉽게 다가설 수 있도록 한자로 번역된 슬라이드 파일을 준비했는데, 다행히 같이 웃고 손뼉을 치고 탄식하는 반응을 보니 잘되고 있다는 안도감이 몰려왔다. 서울의 작은 동네에서 벌어진 편의점의 밤 이야기를 대만 독자들이 어떻게 이해하고 받아들였을지 무척 궁금했는데, 직접 만나보니 알 것 같았다.

대만에도 편의점이 정말 많고 분위기 역시 한국과 크게 다르지 않았다. 대만의 독자들은 '참참참'을 자신들의 버전으로 재구성해 '편의점 행복 세트'라는 SNS 인증샷을 남기기도 했다. 마치 한국 드라마를 보는 듯 소설에서 이야기가 살아 움직인다며, 코로나19로 모든 것이 규제되던 대만 사회와 판박이같이 똑같아 빠르게 몰입할 수 있었다고도 말했다. 그리고 또 놀라운 점은 남성 독자가 많았다는 점이다! 한국은 여성 독자의 참여 비율이 압도적으로 높고 남성 독자의 방문이 무척 희귀한데, 이곳은 성별 분포가 거의 비슷했다.

사인회에서도 관객과의 대화는 쉼 없이 이어졌다. 책에 대한 소감을 작가와 한마디라도 더 나누고자 하는 순수한 열망을 가진 독자들이 거침없이 K에게 다가서는 모습도 용기 있고 멋져 보였다. 하루 종일 함께한 동시통역사 천쯔잉陳姿穎, Chen Ziying 씨가 쉴 틈 없이 독자의 질문과 작가의 답을 전하고 또 전했다. 그녀는 통역을 하며 작가의 모션과 말투를 그대로 복제했는데, 연기력까지 겸비한 통역의 힘은 정말이지 대단했다.

독자와의 만남을 성황리에 마친 뒤 우리는 북라이프의 팀원들, 대만 출판 에이전시 앤드루 누른버그Andrew Nurnberg 팀원들과 함께 저녁 만찬을 즐겼다. 영상에서나 보던 엄청 큰 회전 테이블 위에 딤섬, 동파육, 어란, 새우요리 등 갖가지 진미가 펼쳐졌다.

푸짐한 밥상이 다가 아니었다. 그들은 일정상 참석하지 못한 직원들의 몫까지 더해 우리에게 선물을 한아름 안겨줬다. 리완전Wan-Jen LEE 부편집장은 출판사가 치아더 제과 근처라며 나의 리퀘스트 목록이었던 치아더 펑리수도 전해주었다. 나의 광대뼈는 행복에 겨워 승천한 나머지 아플 지경이 되었다.

『불편한 편의점』 VS 『놀라운 편의점』

숙소로 돌아와 가장 기억에 남는 관객에 대해 이야기 나누었다. K는 호주에서 잠시 대만에 들어왔다던 한 남성 독자를 떠올렸다. 돌아가 아내에게 선물하고 싶은 책이라며 아내의 이름으로 사인을 받았다고 했다.

나는 독자들이 소중히 전해준 엽서와 편지 중 황금색으로 '福복' 자가 새겨진 새빨간 봉투를 들어 보이며 K에게 말했다.

"아까 또 다른 남성 독자가 편지 봉투에 한글로 빼곡하게 편지를 써서 건네줬는데, 내용물은 꼭 숙소에서 열어보라고 했으니, 지금 볼까?"

"글자를 편지지가 아니고 봉투에 썼다고?"

"응. 만져지는 내용물 두께는 그냥 편지지인데…… 어머, 웬 돈이야?!"

봉투 안에는 200대만달러, 한화로 8천 원 정도의 금액이 들어 있었다. 액수를 떠나 현금이 들어 있어 당황했지만, 율리를 통해 알아보니 대만에서는 소소한 감사 표시로 현금을 주는 문화가 있다고 했다. 우리는 이 돈을 어떻게 처리할지 고민하다 복채로 사용하기로 했다.

다음 날, 타이베이를 대표하는 사찰 용산사龍山寺를 방문했다. 일요일이라 관광객도 많았지만 앞마당에서 요리 경연 대회가 열리고 있어 그야말로 발 디딜 틈이 없었다. 그런 와중에도 경내의 작은 폭포가 워터폴스토리를 반겨주는 것 같아 나름 기뻤다. 꾸역꾸역 인파를 헤치고 길을 뚫어 내부의 복채함을 발견했고, 전날 독자에게 받은 용돈을 기도와 함께 투입했다. 대만 독자들과의 따스한 인연이 계속 이어지기를, 이 땅의 독자들에게 폭포처럼 아름다운 이야기를 계속 들려줄 수 있기를 기원한 뒤 되돌아 나왔다.

여정을 마무리하며 숙소 앞 금석당서점에 들러 한국으로 가져갈 『不便利的便利店』 벚꽃 에디션을 구입했다. 그런데 계산을 하는 나를 한 번, 순위표 앞에 벌게진 얼굴로 선 두 알코올메이트를 한 번 쳐다본 서점원이 조심스레 물었다.

"Author, Jin Haoran?"*

"Yes, dui dui."**

서점원은 금석당에서도 『不便利的便利店』이 번역소설 1위를 달리는 데다, 작가가 이번 주 방문한다는 이야기를 들었다며, 그래서 K를 알아봤다고 했다. 대만판 표지 안쪽에도 K의 사진은 실리지 않았는데, 대체 어떻게 알아보았을까? 한국 서점에서도 알아보는 이가 희박한 K건만. 우리는 그녀에게 곧 출간을 앞둔 『不便利的便利店 2』도 잘 부탁한다는 말과 고맙다는 말을 더한 뒤 서점을 나섰다.

대만에서의 4박 5일은 매 순간 눈이 번쩍 뜨일 사건들의 연

-    Jin Haoran: '김호연金浩然'의 중국어 발음.
-    Dui對: '맞아요'라는 뜻의 중국어.

속이었다. 『불편한 편의점』에 대한, K에 대한 독자들의 뜨거운 환대와 엄청난 관심은 상상 밖의 범위라 그저 놀라웠다. 작가에게는 존경을, 나에게는 동료로서 존중을 보여준 북라이프의 모두에게도 가슴 찡한 감동을 느꼈다. 같은 책을 각자의 언어로 만들고, 그것을 함께 읽을 독자들을 발굴해준 그들의 동지애가 이번 북 투어에서 얻은 가장 큰 수확이었다.

그렇게 첫 해외 북 투어는 우리에게 용기를 주었다. 세계 어디에서든 한국의 이상한 편의점 이야기가 통할 수 있다는 믿음을 주었다. 그것이 우리가 계속 지구를 행진할 수 있는 동력이 되어줌에, 고마운 마음을 간직하며 다시 공항으로 발걸음을 옮겼다.

**

2023년, K는 성품서점 '올해의 작가'로 선정되었다. 『不便利的便利店』 시리즈는 대만 온·오프라인 서점 연말 결산에서 번역소설 부문 1위와 2위를 나란히 차지했다. 10위는 『망원동 브라더스』의 대만판 『望遠洞兄弟』가 이름을 올렸다. 게다가 타이베이 시립도서관에서도 2023년 최다 대출 도서로 『不便利的便利店』이 선정되었다. 이쯤 되면 편편님을 『놀라운 편의점』이라고 바꿔 불러야 할 것만 같다.

일설에 따르면 드라마 〈대장금〉 대본집 이후 대만에서 가장 많이, 빠르게 팔린 한국 책이 되었다고 한다.

이 글을 쓰는 현재, 2024년 성품서점 연말 결산 번역소설 부문 1위에 또 『不便利的便利店』이 올랐다는 소식을 율리에게 전달받았다. 3년 연속이다. 이쯤 되니 심장에 해로움을 느낀다. 물론 긍정적인 의미다.

대만 독자들의 사랑에 보답할 길은 자주 찾아가는 것뿐이리라. 매년 벚꽃이 필 때면 대만 독자를 만나러 가겠다고 오늘도 다짐해본다.

***

북라이프는 K의 소설 『불편한 편의점』 시리즈 이후 『망원동 브라더스』, 『연적』, 산문집 『매일 쓰고 다시 쓰고 끝까지 씁니다』를 연달아 출간했다. K의 모든 책을 출판할 기세다. 참으로 든든한 파트너가 아닐 수 없다. 아, 그들은 2025년 6월 중 『나의 돈키호테』의 출간도 앞두고 있다. 谢谢!

인터뷰 1

추율리
Chu Yuli

대만 솔로 프레스Solo Press 편집자

솔로 프레스는 대만 대표 출판사 중 하나인 북라이프의 임프린트로, 다수의 한국문학 작품을 대만에 소개해왔습니다. 편집자 율리는 15년 이상의 경력을 지닌 전문가로, 수많은 한국 소설을 대만 독자들에게 소개하는 데 앞장서왔습니다. 이는 한국문학과 문화에 대한 깊은 애정이 바탕이 된 것이죠. 2022년 겨울에는 한국을 방문해 김호연 작가, 나무옆의자 편집장 등과 교류하며 한국문학에 대한 이해를 더욱 깊게 다졌습니다. 그녀는 『불편한 편의점』이 대만에서 성공하는 데 핵심적인 역할을 한 든든한 파트너입니다.

Q1. 솔로 프레스와 북라이프는 그간 다양한 한국문학 작품을 소개해왔습니다.『불편한 편의점』외에 어떤 작품들을 출간했는지, 그리고 한국문학에 집중하게 된 계기는 무엇인지 들려주세요.

그간 출간한 주요 작품으로는『달러구트 꿈 백화점 1, 2』,『아버지의 해방일지』,『저주토끼』,『밤의 여행자들』이 있습니다. 그 전에도『엄마를 부탁해』와 같은 작품을 출간했으며, 국제적인 문학상 수상을 계기로 한국문학에 주목하게 되었습니다. 최근에는 한국 문화를 사랑하는 인플루언서들의 추천, 에이전시의 소개, 출판사들의 SNS 채널 등 다양한 경로를 통해 한국문학의 매력을 새롭게 발견하고 있습니다. 한국 소설은 생기 넘치고 상상력이 풍부하며 감정선을 섬세하게 그려내는 점이 큰 매력이라고 생각합니다.

Q2.『불편한 편의점』을 처음 접했을 때를 기억하시나요? 대만 독자들과의 접점은 어떻게 예상하셨는지도 궁금합니다.

『불편한 편의점』은 처음부터 '친절함'을 주제로 하는 이야기였습니다. 파우치를 잃어버린 노인이 노숙자의 친절 덕분에 그것을 되찾고, 노숙자는 식사와 일자리를 제공받으며 새로운 삶을 시작하게 됩니다. 이렇게 서로 친절을 주고받으며 따뜻한 공동체를 형성해가는 이야기입니다.

대만에서는 이 책이 코로나19 팬데믹이 정점에 달했던 시기에 출간되었습니다. 혼란과 불안이 가득했던 시기였기에, 이처럼 따뜻한 인간애와 선의를 전하는 이야기는 큰 위로가 되었습니다. 단지 등장인물 간의 관계뿐만 아니라, 독자와 작품 사이의 교감을 통해서도 치유와 격려를 전하는 소설이었습니다.

Q3. 솔로 프레스와 북라이프의 동료들 덕분에 『불편한 편의점』은 대만 출판 시장에서 큰 성공을 거두었습니다. 콘텐츠의 측면과 마케팅 측면에서 그 이유를 어떻게 분석하시나요?

『불편한 편의점』은 일상과 가까운 소재를 다루며 비교적 간결한 문체를 지닌 '힐링 소설'입니다. 위에서도 언급했듯이 코로나19로 인해 고통받는 독자들의 마음을 어루만지는 인간적인 요소가 돋보이는 작품이라는 점이 성공의 요인이었다고 생각합니다. 우리는 위태롭고 불편한 시대에 따뜻한 이야기를 통해 사람들에게 희망을 전하고자 했습니다.

이 책의 홍보에는 많은 이들의 도움이 있었습니다. 먼저 마케팅팀의 요청으로 대만의 유명 인플루언서들이 책에 대한 후기를 공유했습니다. 또한 마케팅팀은 편의점과 관련된 따뜻한 에피소드를 SNS 공모전을 통해 모집해 독자들의 자발적인 참여를 유도했습니다. 어떤 독자들은 책 속의 인상적인 문장을 필사하거나, 팟캐스트에서 낭독해 녹음하거나, 동영상을 찍어 공유하기도 했지요.

특히 인상 깊었던 사례는, 『불편한 편의점』 시리즈를 너무 좋아한 한 독자가 자신의 SNS에 관련 에세이를 여러 편 게재하며 열렬한 애정을 표현한 일이었습니다. 그의 글은 많은 독자들에게 영감을 주었습니다.

첫 번째 글: 「인생」, "친절 릴레이에 함께해요!"

두 번째 글: 「직장 상사」, "좋은 상사는 동료들에게 편의점 같은 존재여야 해요!"

세 번째 글: 「가족」, "중년 남성들도 새로운 방식으로 생각하는 법을 배워야 해요!"

이러한 현상은 큰 반향을 일으켰고, 많은 독자들이 자신만의 감상을 나누며 자연스럽게 작품의 영향력을 확장시켰습니다.

'편의점 챌린지'라는 이름의 또 다른 SNS 이벤트에서는 독자들이 직접 촬영한 아름다운 사진들을 공유했고, 마케팅팀은 책 속 주인공처럼 '야간 알바'로 변신해 팬들과 적극적으로 소통하기도 했습니다. 그 결과 3분기에는 『불편한 편의점』이 대만의 여러 서점과 매체에서 번역소설 부문 베스트셀러로 등극하며 '대만에서 가장 빠르게 판매된 한국 소설'이라는 타이틀도 얻게 되었습니다.

Q4. 한국 독자들 사이에서 '참참참' 세트가 인기인데요, 대만판에서는 이 부분을 어떻게 현지화했는지 궁금합니다.

한국 문화에 관심이 많은 동료들의 노력 덕분에, 우리는 정확한 발음 가이드를 받고 대만식으로 딱 맞는 이름을 붙일 수 있었습니다. 바로 '창창창 嗆嗆嗆' 세트입니다. '嗆'이라는 단어는 매운 맛이나 강한 자극에 눈물이 나거나 재채기를 유발하는 느낌을 표현합니다. 이 감각은 해당 음식 세트의 강렬함을 잘 살려주었고, 특히 인플루언서 마케팅과 결합되어 매우 효과적인 홍보 수단이 되었습니다.

Q5. 『불편한 편의점』 이후 김호연 작가의 다양한 작품이 대만에서 출간되었습니다. 독자들의 반응은 어땠나요?

『불편한 편의점 2』는 1권에 이어 익숙한 캐릭터들과 따뜻한 이야기로 여전히 많은 사랑을 받고 있습니다. 『망원동 브라더스』와 『연적』은 호불호가 갈리는 편입니다. 어떤 독자들은 평범하다고 느끼지만, 또 다른 이들은 이 작품들에서 약자의 현실을 진솔하게 그려낸 점에 깊이 공감합니다. 에세이 『매일 쓰고 다시 쓰고 끝까지 씁니다』는 작가와 시나리오 작가들에게 특히 좋은 반응을 얻고 있습니다. 비하인드 스토리를 좋아하는 독자층에게는 매력적인 작품이지만 대중적인 인지도는 아직 높지 않은 편입니다.

『나의 돈키호테』는 2025년 여름 출간 예정인 기대작입니다. 꿈을 좇는 여정과 사람 사이의 따뜻한 연결을 그린 이야기로, 모든 연령층이 공감할 수 있는 메시지를 담고 있습니다. 대만 독자들에게도 자신만의 꿈을 되돌아보게 만드는 책이 되기를 기대하고 있습니다.

09.
어서 와! 잠실 주경기장은 처음이지?

> 무대 위 알파와 오메가는 독고 역을 맡은 근배였지만,
> 이 작품의 알파와 오메가는 인경이었다.
>
> ─『불편한 편의점 2』, 201쪽

살아 있다고 말하지만 진심으로 '살아 있다'고 느끼는 순간은 얼마나 될까?

나의 경우 마돈나Madonna의 단독 콘서트에서 그녀의 옥체를 눈앞에 마주했을 때 '살아 있다' 느꼈다. 다프트 펑크Daft Punk의 공연에서 사운드 융단 폭격을 온몸으로 두드려 맞을 때 '살아 있다' 느꼈다. 펜타포트와 벨리 록, 그랜드 민트 페스티벌, 그린플러그드의 백스테이지를 정신없이 뛰어다니다 일사병으로 쓰러지면서도 '살아 있다'고 느꼈다.

하지만 비로소 오늘, 벚꽃 속의 잠실 올림픽 주경기장 백스테이지를 떠나는 나의 당찬 발걸음이, 잘게 떨리는 등 뒤로

찬란하게 펼쳐진 20년의 세월이 바람과 함께 흩날리는 지금 이 순간이, 그 어느 때보다 뼛속 시릴 만큼 '살아 있다'고 느끼게 한다. 이 세상에 내가 살아 있고 또 살아남았다고 세포 하나하나가 전율하고 있다. 지~금 이 순간, 마.법.처.럼!

예스24 티켓팀으로부터 『불편한 편의점』의 섭외 요청을 받은 건 2022년 11월이었다. 매년 봄이 되면 예스24는 책과 음악을 하나의 테마로 엮어 'LOVESOME러브썸' 페스티벌을 개최한다. 하나의 테마란 즉 한 권의 책을 의미하는데, 그동안 하태완 작가의 『모든 순간이 너였다』, 김이나 작가의 『보통의 언어들』이 올해의 테마로 선정된 바 있다.

창립 24주년을 맞이하는 예스24는 올해의 테마를 소설 분야에서 선정하기로 결정했다. 그리하여 한강 난지공원 일대에서 열릴 제5회 LOVESOME 페스티벌(이하, 러브썸)에 『불편한 편의점』이 테마로 선정된 것이다.

또한 4월에 열리는 만큼 벚꽃 에디션 일러스트를 메인 이미지로 활용하길 원했다. 더불어 원작자인 K의 스테이지 출연도 희망했다. 그야말로 편편님이 헤드라이너로 진출하는 페스티벌 섭외라고 해도 과언이 아니었다.

2023 LOVESOME '불편한 편의점' Festival Concepted
by 김호연

제안 내용을 K에게 설명하자 어쩐지 멍-해 보였다. 우리의 표어 같았던 '이게 무슨 일이야!'조차 내뱉지 못하는 상황. 위와 같이 웅장한 페스티벌의 명명 앞에 그는 잠시 침묵했고, 마침내 '허허허허허……'라는 너털웃음으로 기꺼이 상황을 받아들였다.

잠시 뒤 나는 책상 앞으로 돌아와 『불편한 편의점』 벚꽃 에디션을 손에 들고 천천히 쓰다듬었다. 문득 '아…… 내가 이걸 하려고 그 고생을 했었나' 싶은 생각마저 들었다. 그러자 지난 20여 년간 음악 씬에 몸담았던 천로역정의 순간들이 머릿속에 파노라마처럼 펼쳐졌다.

열정 페이는 기본에, 월급은 짜다 못해 많이도 떼였다. 내가 음악업계로 뛰어든 초창기에는 제대로 된 모양새를 갖추지 못한 회사도 많았기에 복리후생 따윈 기대할 수 없는 억겁의 세월들도 있었다.

나는 그 시절을 버텨냈다. 연차가 쌓이고 업력이 쌓이고, 담당한 아티스트들이 해외로 진출하고, 론칭 페스티벌이 성과를 얻고, 프로모션이 적중하면서 인정을 받고 살아남았다. 그리고 마침내 작지만 나의 음반사를 차리고 운영해 나갔다.

하지만 그렇게 계속 버틸 수는 없는 법. 화창한 봄 '가정의 달' 표어와 함께 수많은 공연으로 남의 가족과 남의 행복을 위해 나의 가족과 나의 행복을 소홀히 하며 스트레스를 받더니, 결국 암에 걸리고야 말았다. 이후 사회적·국가적 참사의 포화 속에서 음반사 경영 역시 어려워졌고, 결국 폐업이라는 끝판왕 앞에 무릎을 꿇었다. 내 아름다운 20, 30대를 통으로 갈아 넣은 대가는 잔혹했고, 패잔병으로 상처를 끌어안은 채 치료라는 명목하에 업계에서 흔적을 지워야 했다.

러브썸 개최 예정지인 난지 한강공원은 나의 '음악 페스티벌 격전지' 중 한 곳이었다. K도 과거 나의 초대로 난지 한강공원에서 진행된 음악 페스티벌을 경험한 적이 있어 낯설지 않아 했다. 어디에 무대를 세울지, 관객과 아티스트의 동선이 어떻게 나뉠지 손바닥 들여다보듯 꿰고 있었다. 벚꽃 에디션 일러스트를 난지공원에 어떻게 이식할지, 관객의 티켓과 입장 팔찌, 타임 테이블, 포토존, 셔틀버스, LED 화면에 어떻게 적용할지도 0.0003초 만에 그려졌다. 솔직히 말하면 예스24 티켓팀에 고용되고 싶을 지경이었다.

나무옆의자 하지순 편집주간님과 함께 여의도의 예스24

사옥을 방문했다. 티켓팀, 도서팀 등 러브썸을 담당하는 다양한 사람들과 인사를 나눈 뒤 본격적인 업무 협의를 진행했다. 무엇보다 K의 출연 타이밍과 북 토크 진행 방식이 관건이었다. 출연 일자와 시간은 예스24 측의 제안에 맞추면 되기에 어려움이 없었지만, K와 일대일 대담을 펼칠 진행자를 누구로 섭외하느냐가 고민이었다. 평론가나 북 토크 전문 사회자는 프로그램의 수준을 올릴 수는 있지만 자칫 관객들이 지루해할 수도 있고, 러닝타임이 짧은 편이라 집중도가 떨어질 우려도 있었다. 그렇다고 재미만 추구할 수도 없는 노릇!

첫 회의를 일단락 짓고, 이후 이렇게 저렇게 묘안을 나누던 중 티켓팀에서 엄청난 소식을 알렸다. 당시 폭발적 인기를 누리던 개그맨 김경욱의 부캐 '다나카'의 러브썸 출연이 확정되었다는 소식이었다. 마침 K의 출연 다음 무대로 배정되었기에 나는 그 둘의 컬래버레이션은 어떨지 검토해달라고 했다. 업자끼리는 서로를 알아보듯 티켓팀 측에서도 역시나 같은 제안을 하려던 참이었다고 전했다. 결과는 예스. 그렇게 다나카와 K의 북 토크가 성사되었다.

그 무렵 다나카는 신곡 〈와스레나이〉 발표 후 연세대학교 백주년기념관에서 세 번의 단독 콘서트를 앞두고 있었는데, 예매 오픈 단 몇 분 만에 2,500석 규모를 매진시키는 압도적인 티켓 파워로 자신을 증명했다. 러브썸은 오프닝 타임에 관객의 시선을 집중시키기 위해 K와 다나카의 북 토크로 본격적인 포문을 연 뒤 공연이 이어지도록 타임 테이블을 구성했다.

이후 러브썸 테마와 아티스트 라인업이 공식 발표되면서 본격적인 프로모션도 진행됐다. 이승윤, 유채훈, 정승환, 적재, 이적, 로이킴, 터치드, 멜로망스, 소란, 헤이맨 등 쟁쟁한 아티스트들이 이름을 올렸고, 사전 영상 인사를 통해 출연 소식을 알렸다.

그들은 영상 속에서 『불편한 편의점』에 대한 감상이나 편의점에 얽힌 추억을 덧붙여 소개해주었기에, 우리의 기대 역시 커져만 갔다. K는 좋아하는 뮤지션이 자신의 책을 들고 이야기하는 부분을 보고 또 돌려 보며 감격해 마지않았다.

드디어 결전의 날, 4월 22일 토요일이 밝았다. 최종 개최 장소는 잠실 올림픽 주경기장으로 변경되었다. 무대에 오르는 아티스트마저 긴장하게 만드는 압도적 규모와 위용의 그 주경기장이다. 하지만 내게는 딱히 두려울 것도 없었다. 주경기장에서 개최된 다수의 페스티벌 역시 기획·진행에 참여했었고, 담당 아티스트들을 출연진으로 데려갔으며, 해외 팝스타의 내한 공연 인터뷰로 방문한 경험 역시 있었다. 한마디로 주경기장도 내게는 구석구석 자신 있는 공간이었다. 『불편한 편의점』이라는 콘텐츠, K라는 나의 아티스트, 그리고 20여

[2023 LOVESOME '불편한 편의점' Festival Concepted by 김호연]이라고 쓰인 포스터에 사인을 하는 K.

년의 경험이 아름답게 어우러져 시너지를 뿜어낼 거라는 확신이 있었다.

잠실종합운동장. 음반사 폐업 후 10년 만인데도 바로 어제 온 것처럼 익숙했다. 관객, 출연자, 스태프들의 출입 동선과 비상구, 주차장 진입로, 종합운동장역 지하철 출구에서부터 주경기장 백스테이지까지의 이동 경로마저 머릿속에 한 번에 그려졌다. K는 첩보원 놀이를 하는 것 같다며 즐거워했다.

옮기는 걸음마다 재생 버튼이라도 달린 것처럼 이곳에서의 옛 무대들이 환영처럼 펼쳐졌다. 마지막으로 함께 종합운동장을 찾았던 밴드 루디스텔로의 공연이, 그들의 곡 중 가장 좋아했던 〈2nd Wind〉[*]가 나의 등 뒤에 날개처럼 돋아나 응원하듯 펄럭였다.

러브썸 각 구역을 담당하는 스태프들이 도착 확인을 위해 전화를 걸었다. 하지만 안내를 받기도 전에 "예, 도착했습니다. 네, 받았습니다. 예, 이미 찾아서 들어왔습니다"를 외쳐대자 대기실로 찾아와 어떻게 왔냐며 놀라움을 표했다. 그래 좋아, 아직 감 떨어지지 않았어! 깊숙이 봉인되었던 도파민이 맹렬하게 뿜어져 나왔다.

전달받은 아티스트 키트[**]를 확인하고 K와 함께 주경기장 바깥을 구경하러 나갔다. 경기장 외벽을 둘러싼 대형 현수막과 포스터를 둘러볼 요량이었다. 록 스타들의 얼굴이 걸렸을 자리에 과연 K의 모습도 있을까 궁금했다.

- [*] 밴드 루디스텔로LudiSTELO의 2집 앨범 『Flashpoint』(2015) 수록곡.
- [**] 아티스트 키트Artist Kit: 출연자와 스태프에게 사전 전달하는 출입증, 주차증, 공연장 안내도 같은 것을 모아둔 꾸러미.

09. 어서 와! 잠실 주경기장은 처음이지?

두둥! 올림픽의 상징 오륜기 마크 옆에 상상을 초월하는 크기로 현수막이 나부끼고 있었다. 헤드라이너라 불리는 뮤지션들 사이에 K의 얼굴이 떡하니 자리한 걸 내가 목격하다니!

신묘했다. 딱히 프로필 사진을 스튜디오에서 찍은 적이 없는 K이기에, 저기 매달려 펄럭이는, 마치 공식 프로필처럼 쓰이고 있는 저 사진은 수년 전 유럽 배낭여행 중에 내가 찍어준 것이었다. 남루한 사진이 주경기장에 걸리다니! 실로 모골이 송연해지면서 사회적 책임감마저 엄습했다.

당사자인 K는 자기 얼굴보다 ['불편한 편의점' Festival Concepted by 김호연]이라고 커다랗게 새겨진 문구에 시선이 고정되어 있었다. 우리 옆을 지나는 관객들 중 '너 『불편한 편의점』 읽었어?'라고 묻는 목소리가 들렸다. K와 나는 잠깐 손을 꼬옥 맞잡았다. 그러다 뒤늦게 자신의 얼굴 사진을 확인한 K는 화들짝 놀라 "으악, 저게 뭐야!" 소리를 지르곤 대기실을 향해 도망쳤다. 아마도 본인의 얼굴이 우리 집 현관문보다 더 크게 걸려 나부끼는 걸 도저히 견디지 못한 것이리라. 역시 그는 낯을 가리는 작가이지 록 스타가 아니었다.

대기실에서 초조해하던 시간도 지나고 이제 무대에 오를 타이밍이었다. 환기를 위해 대기실 문을 열었다가 바로 옆 대기실에서 출격 준비를 마친 다나카 씨와 마주쳐 복도에서 인사를 나눴다. 무대에서의 어색함을 덜고 북 토크에 바로 몰입할 수 있는 좋은 기회였다.

놀랍게도 다나카 씨는 『불편한 편의점』을 완독했는지 사전 질문 역시 꼼꼼하게 숙지한 상태였다. 서로 확인해야 할 부분, 민감할 수도 있는 내용에 대해 의견을 조율하며 사이좋게 무대 상수* 대기 공간에서 기념사진도 찍고 화기애애한 시간을 보냈다.

바로 앞 무대는 싸이커스xikers라는, 데뷔 1개월 차 아이돌 그룹이 꾸미고 있었다. 드넓은 무대바닥이 상수까지 쿵쿵 울릴 정도로 그들은 몸이 부서져라 춤추고 퇴장했다. 서로가 서로의 몸으로 지탱해 겨우 서서 호흡하는 모습에 너무나 자연스럽게 수고했다는 말과 함께 생수병 뚜껑을 탁탁탁 따서 건네주었다. 본능적으로 뿜어져 나오는 매니저력이다. 허허허.

이윽고 K와 다나카가 앉을 좌석과 테이블이 세팅되었고, 마이크를 점검하던 찰나 나는 순식간에 대기실까지 뛰어가 빨대를 공수해 생수병에 꽂아 들고 테이블에 올렸다. 무대 입장 직전, K의 양 팔뚝을 강하게 움켜잡고 '잘해!' 하며 기운을 불어넣었다.

• 상수: 공연자들에게 중요한 출입 동선. 무대에서 객석을 바라볼 때 상수는 왼쪽, 하수는 오른쪽.

관객들의 환호 속에 무대로 뚜벅뚜벅 나아가는 그의 등짝을 보자 심장이 쿡, 하고 아팠다. 그리고 내 봄날, 벚꽃 휘날리던 수많은 스테이지들이 오버랩되었다. 무대 상수와 하수에서 바라보는 아티스트의 모습은 늘 대견하고 애틋하다. 관객들의 반응을 살피는 마음 역시 늘 조마조마하다.

서른여섯. 강렬했던 암 수술로 강제 은퇴 후, 다시 무대 뒤편에서 아티스트를 바라볼 일이 있으리라 생각해본 적이 없었다. 그리고 지금은 연골에 문제가 있어 무릎과 손목 관절을 치료 중인데, 어떻게 괴력을 짜냈나 스스로도 신기한 상태였다. 하지만 멈출 수 없었다. 북 토크가 진행되는 사이에 나는 객석으로 뛰어 내려갔다. 아직 해야 할 일이 남았다.

주경기장 그라운드에 내려오고 나서야 ['불편한 편의점' Festival Concepted by 김호연]이 러브썸이라는 거대한 페스티벌에 어떻게 적용되었는지 한눈에 들어왔다.

일단 무대가 『불편한 편의점』 벚꽃 에디션 그 자체였다. 'ALWAYS편의점'의 간판명은 'LOVESOME'으로 바뀌었고, 경기장 안에 입점한 각양각색의 부스들에도 벚꽃 에디션의 간판 디자인이 휘날리고 있었다. 무대 옆 도서관에도 '독고' 씨가 마당을 쓸며 벚꽃을 흩뿌렸고, 포스터 블록 맞추기 코너에도 '염 여사'와 벚꽃이 흐드러지게 피었다. 아예 우리의 편의점 앞마당을 재현시킨 포토존은 초록 파라솔과 의자, 옥수수염차도 한자리 꿰차고 있었다. 결정적으로 잠실 올림픽 주경기장 메인 무대에 K와 『불편한 편의점』이 앉아 있었다.

휴우…… 심호흡을 하고, 무릎 보호대를 다시 힘껏 조여 맸다. 어서 무대 뒤로 달려가 퇴장하는 K를 반겨줘야지!

수천 명 관객 앞에서 성황리에 북 토크를 마치고 내려오는 길, 다음 순서로 대기 중인 밴드 '터치드'와 만났다. 봄꽃의 만개를 표현하듯 멋진 날염 셔츠를 걸친 보컬 윤민이 K에게 먼저 악수를 청하는 찰나, 터치드 옆에 선 중년 사내와 나는 눈이 마주친 순간 동시에 "엇!" 하며 반가운 비명을 질렀다.

터치드의 소속사 대표이자 인디 뮤직 비즈니스의 거장 이종현 대표(a.k.a. '돈마니')와 실로 오랜만에 조우한 것이었다. 놀라운 재회의 순간이 지나자마자 이 대표는 내게 그동안 어디서 뭐 하고 지냈냐, 많이 아프다더니 잘 지낸 거냐고 물었다. 나는 잠시 뜸을 들인 뒤 이제 음악 일은 내려놓고 K를 담당하고 있다 답했다. 한때의 동지애를 꽉꽉 눌러 담은 그의 힘찬 악수와 격려의 말, 터치드의 파워풀한 무대를 뒤로하며, 나는 비로소 애증의 음악 일을 홀가분하게 떠나보낼 수 있게 되었다.

오늘의 록 스타는 누구였을까?

온 마음으로 살아 있음을 느끼며, 등을 꼿꼿이 펴고, 허벅지에 힘을 빡 주고 힘찬 발걸음을 내딛는다. 나와 함께 무대에 올랐던 모든 아티스트들을 뜨겁게 기억하고, 사랑하고, 저장한다. 함께 일했던 동료들을 응원한다. 이제 나는 새로운 씬에서 다시 일어선다. K와 『불편한 편의점』에 대한 고마움과 책임감을 지니고, 벚꽃과 함께 흩날리는 눈물은 아무도 모르게.

둠둠쿵. 심장의 고동과도 같은 음악 소리가, 잠실 올림픽 주경기장이 서서히 멀어진다.

그래, 오늘의 록 스타는 나였구나!

10.
독고 씨의 불편한 방콕 상점

"บังเอิญเสียพอดีน่ะครับ...ก็เลยกลายเป็นร้านไม่สะดวกซื้อ...ไปเลย"
"어쩌다 보니…… 예, 불편한 편의점이…… 돼버렸습니다."

—『불편한 편의점』, 144쪽

From 제주 To 방콕

잠꼬대에서까지 집필 중인 K의 신작 소설 『나의 돈키호테』는 대전을 주 무대로 제주와 스페인 마드리드까지 아우르는 스케일 큰 작품이 될 예정이다. K는 최초 작업인 '막초고'를 출판사에 제출할 '초고'로 완성하기 위해 퇴고를 거듭하는 중이다.

그는 집필 초반엔 대전에 머물렀고, 초고의 마감과 추가 취재, 퇴고를 위해 다시 제주행을 선택했다. 2023 제주 작업실은 함덕과 선흘 사이 작은 마을에 자리했고, 하나로마트가 근처라 장을 보기에도 용이했다. 오늘과 내일의 먹거리를 사 들고 한달살이 숙소이자 작업실에 입주했다. 이 구옥 단독주택은 해변에서 떨어진 지역에 있어 같은 가격대에도 넓은 공간을 자랑했다. 큰방과 작은방이 각각 두 개라 에어컨이 설치된 방 하나씩을 골라 K는 집필실을, 나는 사무실을 차렸다. 그런 뒤 빈 세 번째 방에 다시 여행용 캐리어 두 개를 나란히 펼쳐두고 새로운 짐을 꾸리기 시작했다. 제주에 도착하자마자 무슨 일이냐구요? 뭐긴요, 또 북 투어지요!

이번에는 무려 제주에서 태국 방콕으로 향하는 편편님의 북 투어였다.

주태국한국문화원에서는 9월 4일부터 10월 27일까지 'K-Book Exhibition in Thailand 2023'을 개최하며 개막 행사에 K를 초청했다. 태국은 『불편한 편의점』의 첫 번째 계약 국가이자 첫 번째 현지 출간 국가, 첫 번째 해외 베스트셀러에 올려준, '첫정' 깊은 나라다. 태국어판의 제목은 『ร้านไม่สะดวกซื้อของคุณทกโก』으로 '독고 씨의 불편한 상점'이란 뜻을 가졌다.

태국은 일찍이 한국 교민들이 자리해 코리아타운을 형성

- 『ร้านไม่สะดวกซื้อของคุณทกโก』: 2022년 5월 아마린 그룹 AMARIN GROUP 산하의 소설 브랜드 피콜로 piccolo에서 출간.

했고, K-팝과 웹소설, 웹툰, 태권도가 특히 강세를 보인다. 그에 호응하듯 주태국한국문화원은 조재일 문화원장의 진두지휘로 자체 개발 웹툰 『어느 날, 내가 사랑하는 아이돌 그룹 리더가 사라졌다』를 론칭했다. 이는 한국문화원 최초의 원소스 멀티유즈 콘텐츠이자, 스토리텔링의 파워를 선보인 엄청난 사례였다.

여기서 잠깐, 한국문화원이란 문화체육관광부를 통해 국외에서 운영되는 정부 기관이다. 다양한 한국의 문화와 가치를 알리고 확산시키는, 대한민국의 브랜딩을 책임지는 곳이다. 한국과 국교를 맺은 나라의 수도 또는 대륙마다 한국문화원이 있다. 갤러리, 도서관, 강연장 등을 보유하고 있어 장기간 국외에 체류하게 된다면 한국문화원의 각종 행사에 참여하거나 한국 책을 빌려 보며 향수병을 달랠 수 있다.

과거에도 한국문화원과의 협업은 넘기 힘든 산 같았다. 현지 페스티벌이나 뮤지션들과의 협업에 도움을 받고 싶어 연락을 취해도 뮤지션의 인지도가 낮으면 도움을 받는 것이 불가능했다. 간혹 높은 인지도를 가졌더라도, 문화원의 연간 계획과 예산의 편성이 완전히 끝나버려 도움을 받을 수 없는 아쉬운 상황도 있었다.

그리고 기관의 특성상, 기관장은 3~4년마다 바뀌지만 주무관·학예사·실무관·행정원으로 불리는 내부 인력들은 장기 근무하는 경우가 많다. 그래서 업무적 추구점에 따라 취향이 생기고, 그에 맞지 않아 거절당하는 사례도 발생했다. 하지만 그 와중에도 인디 뮤지션들의 해외 진출을 돕기 위해 애쓰는 문화원과 담당자들도 분명 존재했기에 용기를 내 실패하더라도 그 문을 계속 두드렸다.

그런 경험을 바탕 삼아 2~3주에 한 번은 주요 한국문화원 홈페이지를 열람했다. 요즘엔 어떤 행사를 준비하는지, 이번 해는 국가적으로 어떤 콘텐츠를 밀고 있는지 동향을 살폈다. 향후 어떤 뮤지션과 어떤 국가를 방문하게 될지 모르지만, 적어도 기획안을 제출할 때 콘셉트와 키워드를 맞춘다면 기회를 얻을 확률이 높아지기 때문이다.

이 습관은 워터폴스토리 창업 후에도 발동되어 『불편한 편의점』의 태국 출간이 임박한 시점부터 주태국한국문화원 역시 나의 레이더에 한자리를 차지했다.

그리고 결국 그곳에서 『불편한 편의점』과 K를 초청한 것이다. 담당자 오혜원 님은 태국 역시 편의점이 흔하게 보급되어 있어 현지 독자들에게 편편님에 대한 진입장벽이 높지 않았다고 말했다. 더불어 태국에서 출간 1년이 지났음에도, 여전히 베스트셀러에 올라 있는 덕분에 문화원이 K-소설과 K-스토리를 브랜딩함에 있어 고무적인 상황이 되었다는 말도 덧붙였다. 우리 역시 현지 상황이 궁금하긴 마찬가지. 태국에, 한국문화원에 방문하지 않을 이유가 없었다.

태풍 뚫고 방콕으로!

초청을 받은 즉시 동선을 짜야 했다. 개막 행사에 참석하려면 9월 4일에는 반드시 방콕에 있어야 한다. 그러나 『나의 돈키호테』의 제주 추가 취재 역시 꼭 필요했기에 예약한 숙소나 배편을 취소할 수도 없었다. 결국, 빠듯하지만 제주 도착 후 곧바로 방콕 출국으로 일정을 설계했다. 문제는 코로나19 이후 제주를 출발하는 방콕 직항 노선이 폐지되었다는 것.

그렇다고 제주→김포→인천→방콕으로 이동하는 것은 비효율적인 동선이 아닐 수 없었다. 반드시 김포나 인천에서 1박을 해야 하기에 시간도 아까웠다.

제주공항공사의 국제선 취항 현황을 살펴보니, 중화권 노선 몇 개가 눈에 들어왔다. 그중 홍콩이 보였다. 홍콩 국제공항은 세계를 연결하는 환승 허브가 아니던가? 곧바로 캐세이퍼시픽 홈페이지에 접속해 9월 3일 오전 7시 50분 제주에서 출발해 홍콩 도착, 홍콩에서 방콕으로 향하는 최적의 비행경로를 찾아냈다.

입출국 일정을 확정하고 제주에 입도한 지금, 캐리어에 여행 필수품을 챙겨 넣는데 어느새 비가 내린다. 제주야 워낙 날씨가 변덕스러우니 당연한 일이라 생각하며 TV를 켰다. 그런데 이건 또 무슨 조화란 말인가! 작년 9월 초엔 태풍 힌남노를 만나 경남권 북 투어에서 한고생했는데, 올해는 슈퍼 태풍 사올라가 상륙 중이었다.

9월 1일과 2일 홍콩 공항은 사올라의 직격탄을 맞아 폐쇄되었다. 태풍의 크기는 터무니없이 거대한 데 반해 이동 속도가 느려 돌풍 피해가 심각했다. 홍콩을 오가는 항공편이 전면 결항되고, 공공기관 폐쇄, 철도와 버스 운행 역시 중지되었다. 캐세이퍼시픽 홈페이지에는 9월 2일까지 항공편의 운항이 모두 취소되며, 공항과 비행의 안전이 확보될 때까지 이 상황이 연장될 수 있다는 공지가 올라왔다.

"안 돼!"

나는 짐을 싸다 말고 머리를 쥐어뜯었다. 당장 내일 김포로 가는 비행기를 알아보았지만 토요일이니 남아 있을 리가 없지, 매진! 인천 출발 방콕행도 매진! 몹시 애타는 마음에 손가락에 핀 거스러미를 뜯다가 살이 찢어져 피가 났다. 어떡하지, 방법이 없을까? 그래, 일본으로 가서 갈아타자! 그러나 토요일 제주를 출발하는 항공편은 몽땅 매진이었다. 육지로 올라가는 배편 역시 상황은 같았다.

무지막지한 자연의 힘 앞에서 내가 할 수 있는 건 홍콩 공항과 항공사 홈페이지를 새로고침하는 것뿐이었다. 간절한 마음으로 옥상에 올라가 제주의 바람 신과 토지 신에게 괴성을 지르며 기도했다. 제발, 태풍이 무사히 지나가게 해주세요. 우리를 방콕에 데려다주세요. 으아아아아.

기도가 통했을까, 9월 3일 제주발 홍콩행 노선의 운항 재개 소식을 받았다. 우리는 새벽같이 서둘러 제주국제공항으로 향했고, 가슴을 쓸어내리며 홍콩행 비행기에 몸을 실었다.

태풍을 피해 마침내 도착한 홍콩 국제공항. 그러나 방콕으로 출발하는 비행 편은 역시 지연되었다. 그저 오늘 안에만 방콕에 도착하면 되기에 공항 잔류를 결정했다. 그렇게 마음을 편히 먹고 딤섬으로 점심 2차를 만끽하며 K와 드넓은 홍콩 공항을 섭렵하기 시작했다. 이처럼 넓은 공항엔 반드시 서점이 있기 마련. 우리는 끝에서 끝까지 이동하며 서점을 찾았다. 천천히 40분쯤 걷자 서점 중화서국中華書局, Chung Hwa Book이 등장했다. 입구 정면의 베스트셀러 진열대에는 『不便利的便利店』과 『不便利的便利店 2』가 떡하니 자리하고 있었다. 자고로 공항 서점에 입주한 책은 베스트셀러와 주목받는 신간 서적의 집약체기에 우리는 편편님의 대만판을 목격하곤 흥분을 감출 수 없었다.

기념으로 한 권씩 구매해 사진을 찍는데, 알림 문자가 도착했다. 태국 방콕행 비행기의 탑승구가 정해져 한 시간 뒤 탑승수속을 시작한다는 내용이었다. 아아, 소설의 신이 우리를 향해 웃어주는구나. 마음 졸이지 말고 태국 독자들을 만나라고 다독여주는 기분이었다. 문화원의 오혜원 실무관에게 드디어 출발하니 안심하시라는 메시지를 보냈다.

K-Book Exhibition in Thailand 2023

세 시간 뒤, 방콕 수완나품국제공항에 도착했다. 실제 비행 시간은 짧았지만 홍콩을 경유하면서 우여곡절을 겪은 탓인지 많이 지쳐버렸다. 방콕 공항은 주말 입국 시 수속만 두 시간 이상 걸린다는 제보를 받아 패스트트랙 서비스를 신청해둔 것이 신의 한 수였다. 덕분에 비행기에서 내리자마자 대기 없이 바로 입국 수속을 마쳤다.

밖으로 나서니 '김호연' 손 팻말을 든 문화원 소속 태국 운전기사님을 만날 수 있었다. 그는 KIA 로고가 새겨진 듬직한 문화원 차량에 우리를 태웠다. 그제야 긴장이 풀린 나는 쏟아지는 잠을 이겨내지 못한 채 눈을 감았다. 깨어보니 방콕 숙소 앞이었다.

출판사를 대표해 방콕원정대에 합류한 하지순 주간님을 로비에서 만났다. 작가의 해외 북 투어에 출판사에서 서포트

인력을 편성해준다는 것은 큰 도움이 된다. 우선 2인 1조와 3인 1조는 그 기세부터 다르기에 정말 든든했다. 게다가 그 구성원이 누구보다 우리를 잘 알고, 『불편한 편의점』 시리즈를 직접 편집한 하 주간님이라는 점도 더욱 의미 깊었다.

다음 날, 하 주간님과 함께 문화원으로 걸어갔다. 든든한 기분이라 발걸음도 단단했다.

미리 마중 나와주신 조재일 원장님(무려 '그 웹툰'의 기획자!), 손주영 팀장님, 오혜원 님과 인사를 나눴다. 로비 전시관에 『ร้านไม่สะดวกซื้อของคุณทกโก』의 대형 조형물이 들어선 것을 보며 감동하는 사이, 태국 현지 TV에서 인터뷰를 위해 다가왔다. 멋진 조형물은 촬영 배경으로도 손색이 없어 매체 인터뷰는 이후로도 모두 그곳을 배경으로 진행하게 되었다.

인터뷰를 마치고 드디어 'K-Book Exhibition in Thailand 2023' 개막식과 함께 북 토크가 시작되었다. 『불편한 편의점』의 태국어판 번역가 민트라 인트라랏มินตรา อินทรารัตน์, Mintra Intararath 씨도 참석해 원작자와 번역자의 이야기를 함께 듣고 관점을 공유하는 무척 귀한 시간이 되어주었다.

민트라 번역가는 태국어와 한국어의 문법 구조가 상당히 달라 글로 옮긴다는 그 자체로도 어려움이 많이 따랐다고 말했다. 거기다 베스트셀러를 번역한다는 부담감도 컸다고. 그리고 책 속의 키 아이템, 옥수수염차의 맛과 매력을 태국

10. 독고 씨의 불편한 방콕 상점

📍 한국문화원 로비에 설치된 『불편한 편의점』 태국어판 조형물과 K.

독자들에게 제대로 전달하기 위해 자주 시음하며 애썼다는 말도 덧붙였다.

듣는 내내 그저 감사할 따름이었다. 번역가님의 노고가 있었기에 태국에서 『불편한 편의점』이 사랑받게 된 것이나 다름없으니까.

한국 스토리에 관심이 많은 독자들, K-컬처 자체에 관심이 많은 사람들, 출판업계 관계자들, 그리고 교복을 입은 학생들도 여럿 자리했다. 이들이 월요일 낮 시간에 수업을 빼먹고 어떻게 참석하게 된 것인지 상당히 궁금했는데, 인근 왕립대학교의 한국학과 재학생이라는 사실을 사인회 진행 중 알게 되었다. 태국의 대학생들은 교복을 입는구나!

문화원의 세심한 준비 덕분에 북 토크와 인터뷰, 저작권 미팅 등 모든 행사가 만족스럽게 흘러갔다. 대만에서 쌓은 경험 덕인지 K는 농담까지 섞어가며 현지 독자들에게 편편님과 관련된 여러 에피소드를 들려주었고, 관객들은 눈을 빛내며 그의 이야기에 몰입했다. 통역자를 거치는데도 소통이 막힘없이 이루어지는 것을 지켜보는 기분은, 두 번째임에도 짜릿했다.

배꼽시계가 요동칠 무렵, 문화원 직원들과 함께 정통 태국 음식점으로 향했다. 그곳에서 갖가지 진미를 맛보았는데, 가장 놀란 것은 푸팟퐁커리였다. 게의 순살만 한 움큼 들어 있었다. 그렇다! 우리가 순살 치킨을 먹듯 태국에서는 순살 푸팟퐁커리를 먹는 것이었다. 역시 음식은 늘 진화한다. 독자분들도 태국 방문 시 꼭 순살 버전으로 푸팟퐁커리를 맛보길 추천한다.

AMARIN Day

방콕에서의 두 번째 새로운 날이 밝았다. 오늘은 태국어판의 출판사 아마린과 함께하는 AMARIN Day다. 아마린은 태국에서 손꼽히는 규모의 미디어 그룹으로, 전 장르의 서적과 잡지를 출간하며, TV 채널과 촬영 세트장까지 소유한 콘텐츠 대기업이었다. 우리는 담당자들과 함께 태국의 대형 서점 B2S, SE-ED, Kinokuniya TH, Naiin을 차례로 방문해 사인 이벤트와 SNS 영상 인터뷰를 진행했다. 태국은 틱톡과 함께 숏폼 비디오 콘텐츠의 활용이 압도적으로 높아 모든 촬영은 즉시 라이브 스트림되었다. 졸지에 일거수일투족이 낱낱이 공개되어버린 K는 초반엔 어색해 삐걱거리는 양철인간 같았지만, 어느새 잘 적응하는 모습이었다. 다만, 그 영상들을 한국 독자들에게 공유하기란…… 상당히 높은 허들을 넘어야 하기에 내 마음속에만 저장하기로 했다.

저녁엔 Mind Space by Naiin Bangkok에서 태국 독자와의 만남을 가졌다. 이번 북 토크의 킬링 포인트는 진행 방식 그 자체였다. 진행자 아티트ᵒᵃᶦᵗⁱᵗʸ ธรรมชาติ, Athit Thammachart 씨를 비롯해 북 인플루언서가 초대 손님으로 패널석에 앉아 있기에 당연히 그들과 K의 대화를 관객이 듣는 방식으로 진행되리라 생각했다.

하지만 태국은 모든 평범한 것을 거부하는 곳! 능수능란한 아티트 씨의 진행과 함께 관객들이 자기소개와 책을 읽은 소감, 작가를 향한 질문을 즉석에서 던졌다. 그러니까 함께 자리한 모두가 작가와 대화를 나누고 참여하는 독특한 방식이었다.

아티트의 첫 질문을 시작으로 꼬리에 꼬리를 물고 편편님이라는 콘텐츠 속으로 독자들이 몰입하는 광경을 보며, 역시 세상은 넓고 아직도 배워야 할 것이 많다는 것을 새삼 깨우쳤다. 태국의 독자들은 "한국인들의 마음을 달래주는 이 책이 태국어로 빠르게 번역되어 K-힐링의 시작을 알렸다"며 K에게 고맙다는 말도 전했다. 책 속에 등장하는 지명, 편의점 음식들, 간간이 소개되는 음악까지도 '새롭게 접하는 K-컬처'라며 반겼다. 언젠가 완성될 드라마의 주인공 배역에 어울리는 한국 배우 이름을 서슴없이 말하며 관객들이 서로 토론하는 모습에도 놀랐다. 더불어 태국 독자들도 '가족 관계'로 다양한 고민을 하고 있으며, 이 또한 사회적 문제로 대두되고 있다는 사실도 알게 되었다.

북 토크의 내용도, 그 진행 방식도 나에겐 모두 신선한 충격이었다. 한국에 돌아가 소규모 작가와의 만남을 진행하게 된다면 이러한 방식으로 꼭 시도해보리라 다짐했다.

황금의 땅에서의 3박 4일

'황금의 땅'이라는 뜻을 지닌 태국에서의 3박 4일. 살면서 동남아가 처음이었던 K는 모든 순간을 즐기기 위해 노력했다. 새벽같이 일어나 숙소 주변의 벤짜낏띠 공원에서 러닝을 하다 악어처럼 큰 도마뱀을 마주해 식은땀을 흘리며 돌아오거나, 새벽 시장과 골목길을 탐방한다고 나갔다가 생선 가시처럼 복잡하게 얽힌 길로 잘못 들어서 완전히 방향을 잃기도 했다. 세상에서 가장 맛있는 볶음면이라며 '팟타이'를 자꾸 '파타야'라고 불러서 곤란하기도 했다. (다음에 꼭 파타야에 데려가리다!) 태국 맥주 싱하Singha에 푹 빠져 앞으로 태국에서의 가명은 싱하로 짓겠다는 선언도 했다.

수완나품 공항에서 귀국 비행기를 기다리며 우리는 수다를 떨었다.

"다 잘 끝나서 얼마나 다행인지 몰라. 태국 못 올까 봐 걱정 많이 했다고."

"오기 전부터 이것저것 챙긴다고 수고 많았어. 이제 잘 돌아가기만 하면 되네."

"그런데 홍콩에서 제주 가는 비행기는 연착이라고 아까 알림이 왔어. 공항 노숙 예약이야."

K는 기지개를 크게 켠 뒤 어서 싱하 맥주를 마시러 가자고 했다.

나는 가급적 생맥주가 좋겠다며 거들었다.

***

아마린은 『나의 돈키호테』 역시 가장 먼저 판권을 수입해 갔다. 태국의 출판 동료들과 독자들이 『나의 돈키호테』가 책으로 엮여 나올 때쯤이면 다시 K를 보고 싶어 하지 않을까? '사눅*이 곧 태국'이라는 말처럼, 어디서건 밝고 환한 미소로 즐거운 삶을 살아가는 태국의 책 친구들이 우리 역시 늘 보고 싶을 것이다. 새로운 태국의 북 투어가 벌써부터 기다려진다.

● 사눅สนุก: 유쾌하다, 재미있다, 즐겁다는 뜻을 가진 태국어.

11.
시에나, 천년 고도의 초대

Disfrutaba del cálido ambiente del lugar.
El calefactor, que le hacía cosquillas en el costado;
ese hombre enorme sentado frente a él y que le bloqueaba el viento;
무엇보다 이곳의 따뜻한 온기가 좋았다. 옆구리를 간질이는 온풍기의
열기도, 앞에 마주 앉아 바람을 막아주는 큰 덩치의 사내도,

—『불편한 편의점』, 222쪽

예상치 못한 곳에서 날아온 메일 한 통

2023년 9월 말. 마침내 신작 소설의 집필 취재가 끝났다. 3개월 만에 서울 집으로 돌아오니 여름 한 계절 집을 비운 티가 났다. 제대로 환기가 되지 않아 일단 뭔가 잔뜩 발효된 냄새가 가득하고, 낡은 벽지에는 곰팡이도 피어올랐다. 침구에서도 마루에서도 발효 과학의 스멜이 물씬 풍겼다. 하지만 제발 좀 돌봐달라고 아우성치는 집을 손볼 새도 없이 K가 마감한 『나의 돈키호테』 초고를 읽고 모니터 요원 임무에 돌입해야 했다.

이 초고는 출판사에도 공유되지 않는 진정한 의미의 초고이기에, 영광과 부담과 염려를 모두 담아 신중하게 읽어야 한다. 거기에 더해 대중문화예술기획업의 연간 법정 교육도 이수해야 했다. 하루에도 몇 건씩 접수되는 작가와의 만남 문의도 정성껏 답변해야 했고, 3분기 부가가치세 신고도 마쳐야 했다. 우리는 3일 뒤, 이탈리아 시에나로 떠나야 하기 때문이다.

정임숙 교수님에게 처음 메일을 받은 건 2023년 2월 초. 이탈리아 시에나 외국인 대학L'Università per Stranieri di Siena의 한국학과 책임교수인 정 교수님이 한국문학번역원이 주관하는 '해외 한국학대학 번역실습워크숍' 사업에 『불편한 편의점』으로 지원해 최종 선정되었다는 내용이었다. 5월부터 9월까지 한국학과 학생들이 「원 플러스 원」 챕터를 번역 실습하며, 10월과 11월 사이 워크숍을 개최해 마무리하는 일정이었다.

교수님은 이 워크숍에 K가 직접 방문해 참석하면 좋겠지만, 온라인 참여도 가능하다고 덧붙였다. 『불편한 편의점』을 출간할 때, 아니 K의 그 어떤 책이건 출간될 때마다 다른 나라 다른 언어로 번역되어 초청까지 받으면 좋겠다는 생각은 막연하게 했지만, 해외 대학에서의 번역 워크숍 참여라니! 그야말로 말문이 막히는 소식이 아닐 수 없었다.

온라인 특강은 K와 결이 맞지 않는다는 걸 몇 차례 경험한 뒤라, 우리는 직접 시에나 외국인 대학에 방문하는 것으로 의

견을 모았다. 그리고 궁금한 내용을 조심스레 질문했다.

① 시에나 방문 시 작가에게 항공과 숙박이 지원되는지.
② 현재 신작 소설 집필 중이라 10월 초 방문이 유력한데, 그 일정이 괜찮을지.

정 교수님께 받은 답변은 명쾌했다.

① 각 조별 번역 결과물 발표 워크숍이 10월 진행 예정이라 그 기간 방문은 대환영.
② 절차를 거쳐 작가에게 항공, 숙박, 강연료를 지급함.

K가 이탈리아 시에나로 향하지 않을 가능성은 처음부터 없었던 것이다.

북 투어+취재 여행=북 프로모터의 동행

시에나에는 K만 보낼 작정이었다. 대부분 국공립 기관의 예술인 지원사업은 대상자 본인에 한하여 지원하는 것이 원칙이기 때문이다. 코로나19 이후 서서히 하늘길이 열렸다고는 해도 당시 유럽행 직항 노선은 제한적이었다. 결정적으로 러시아-우크라이나 전쟁 발발로 몽골-러시아 상공을 통과할 수 없었다. 자연히 비행시간도 대폭 늘어나 유럽행 항공료는 코로나19 이전보다 두 배 가까이 폭등한 상태였다.

K는 편편님 이후 쉴 틈 없이 에세이 『김호연의 작업실』을 출간했고, 현재 집중 집필 중인 신작 소설 『나의 돈키호테』도 내년 봄 출간을 목표로 하기에, 다만 며칠이라도 이탈리아에서 쉬며 머리를 식히고 오길 바랐다.

하지만 그는 시에나 일정 이후 스페인으로 날아가 『나의 돈키호테』 후반부 추가 취재를 진행하겠다며 나에게 그 계획을 알렸다. 아니, 통보했다. 허허허. 그것은 계획이라기보다는 유럽 대륙 이동 및 숙박 등 제반 사항을 알아서 잘 설계하라는 요구와 같았다. 음악 일을 할 때도 아티스트의 해외 투어 시 여행사나 대행업체에 맡기지 않고 직접 예약을 진행했기에, 요즘은 내가 여행사를 차렸어도 잘했을지 모른다는 생각마저 들곤 한다.

어쨌든 꼬리에 꼬리를 무는 예약 절차를 마무리하고, K씨 옆에 나란히 앉아 이탈리아로 날아가는 중이다.

무려 열네 시간의 비행 끝에 로마 레오나르도다빈치 국제공항에 도착하기도 잠시, 곧바로 환승해 밤 열두 시가 다 되어 피렌체 공항에 도착했다. 다행히 새벽 한 시까지 피렌체의 메인 기차역 산타마리아 노벨라까지 연결하는 트램이 운행 중이라 비교적 안전하고 빠르게 시내로 진입했다.

우리는 미리 예약한 피렌체 시외버스터미널 앞 숙소에서 그야말로 잠만 자고, 다음 날 아침 일찍 터미널에서 131번 버스를 탔다. 그리고 두 시간여 동안 창밖으로 펼쳐지는 아름다운 토스카나 지방의 풍경을 감상하며 마침내 고도古都 시에나에 입성했다.

유럽 여행 경험이 많지는 않지만, 로마와 피렌체는 확실히 내게 각인된 곳이다. 2019년 10월에 두 도시를 여행자로 방문했었다. 하지만 시에나는? 정말로 미안하지만 북 투어가 잡히기 전까지는 딱히 아는 바가 없는, 그저 우리를 초대한 분들이 계신 도시였다. 출발 전에 짧게 조사해 몇 가지 특색을 숙지하고 구글 지도를 든든한 지원군 삼아 여기까지 온 것이다.

이탈리아 쇄국 도시의 끝판왕이라 불리는 시에나는 유네스코 세계문화유산으로 지정된 빨간 벽돌로 이루어진 고딕 양식의 건축물들이 잘 보존된 구도심, 캄포 광장, 그리고 대성당이 유명했다. 올해는 대대로 내려오는 시에나의 가문 중 오리 문장을 사용하는 가문이 승기를 잡아 온 도시에 귀여운 오리 문양 깃발이 걸려 있었다.

숙소에 여장을 풀고 시에나 구도심 곳곳을 만끽했다. 산성 도시인지라 10월임에도 쌀쌀한 날씨와 몰려드는 관광객 행렬 속에서 이 도시의 정취를 몸에 새기기 위해 골목 구석구석을 살피며 다녔다. 뒷골목엔 언제나 맛집이 많으니까!

마침내 늦은 저녁, 정 교수님과 김국진 교수님, 간세희 교수님을 만났다. 꼭 오래전부터 알고 지내온 사람들과 재회라도 한 듯 동포애가 샘솟아 우리는 서로를 부둥켜안았다. 교수님들의 안내로 시에나대학교는 물론, 도심 곳곳의 숨은 명소에 대한 이야기도 들을 수 있었다. 이런 고급진 가이드를 만나다니! 정 교수님의 첫 메일을 받을 당시, 하마터면 스팸 메일로 오해할 뻔했던 아찔한 상황을 떠올리며 마음속으로 사죄하던 중 기다렸던 저녁 만찬의 시간이 다가왔다.

부채꼴 모양의 캄포 광장을 바라보며 정찬을 즐길 수 있는 야외 테이블에 앉아 시에나 특산품 피치* 면을 사용한 오동통한 파스타와 토스카나 지역의 특색 있는 와인을 마셨다. 식사의 말미, K는 시에나에서 즉석 알코올메이트가 된 김국진 교수님에게 이탈리아 전통주 그라파**를 소개받았고, 입가심한다는 명목으로 40도가 넘는 독한 술을 원샷했다. 소화제로도 쓰인다는 종업원의 설명에 말릴 틈도 없이 내 몫의 그라파까

-    피치Picci: 시에나의 전통 파스타 면. 우리의 수타면처럼 손으로 직접 둥글려 굵게 뽑아낸다.
- ●   그라파Grappa: 이탈리아에서 식후 소화 촉진을 위해 마시는 독주. 와인을 만들고 걸러낸 포도 찌꺼기를 증류해 만드는 브랜디 종류로 엄격한 제조 방식을 따라야만 그라파라고 불릴 수 있다.

지 호로록 마셨다.

꿀떡꿀떡 잘 마시는 K를 보더니 종업원은 한 잔 더 건넬 태세였다. 나는 내일 오전으로 예정된 번역 워크숍에서 숙취라도 발생하면 큰일이기에 혼신의 매니저력을 발휘해 추가 샷을 제지해야 했다.

그 밤의 끝에 우리는 정 교수님의 제안으로 캄포 광장에 드러누웠다. 결코 아시아의 만취 진상이어서가 아니었다. 산성도시답게, 새카만 하늘에서 쏟아져 내리는 별빛이 유난히도 반짝였다. 우리 외에도 삼삼오오 여럿이 광장에 누워 같은 별을 바라보고 있었다. 낮에는 찬란했던 빠알간 벽돌들이, 밤이 되자 초콜릿 블록처럼 진한 적갈색으로 변했다. 청록색을 배경으로 한 오리 깃발이 벽돌과 대비되어 단정하게 나부꼈다. 완만한 경사를 지닌 광장이기에, 시선의 끝에선 벽돌과 하늘이 맞닿아 더욱 고고한 자태를 뽐냈다. 구도심을 지탱하는 대성당의 지붕이 심장처럼 묵직하게 그곳에 있었다. 아, 이것이 진정한 시에나의 매력인가? 실로 풍요로운 낭만을, 은은한 별빛을 온몸으로 받아안았다.

열정 넘치는 번역 워크숍 현장으로

드디어 번역 워크숍 당일 아침. K와 두근두근 쾅쾅 울렁이는 마음을 부여잡고 숙소에서 시에나 외국인 대학까지 산책하듯 걸었다.

그나저나 유럽의 대학교에서 한국을 배우는 한국학과라는 학문이 정식 개설되어 있다니! 교양수업으로서 한 강의가 아니라 대학과 대학원 과정까지 커리큘럼이 꽉 짜인 것을 보며 해외 한국학 대학을 유치하고 지속할 수 있도록 애쓰는 이름 모를 많은 분들의 노고에 모골이 송연해졌다. 고맙습니다.

오픈 강의로 진행된 번역 워크숍에는 많은 학생들이 자리해 있었다. 번역 수업 참여자들을 비롯해 한국학과 재학생과 대학원생들, 시에나 외국인 대학으로 유학을 온 일본, 중국의 유학생들, 그리고 이탈리아어와 유럽의 언어들을 배우러 한국에서 온 유학생들까지 약 100명가량이 모였다. 거기에 더해 학기가 변경되어 한국으로 교환학생을 떠났거나 취업을 나간 학생들은 ZOOM을 통해 온라인으로 참여했다.

정 교수님의 환영 인사, 김 교수님의 동시통역과 함께 『불편한 편의점』 번역 워크숍의 막이 올랐다. 「원 플러스 원」 챕터를 8개의 조로 나누어 공동 번역했고, 조장이 나와 그 결과를 우리말로 발표했다. 우리는 또 한 번 깜짝 놀랐다. 다들 한국말을 어찌나 유창하게 잘하는지! 언어의 장벽이 전혀 느껴지지 않을 정도의 프레젠테이션이었다.

발표가 모두 끝난 뒤 드디어 작가와의 대화 시간. 우리는 또 놀랐다. 2023년 10월 현재까지 『불편한 편의점』은 태국, 대만, 중국, 일본, 베트남, 인도네시아 등 아시아 지역에서 출간을 완료한 상태였고, 이탈리아어판은 내년 2월, 유럽에서 가장 먼저 출간될 예정이었다. 그래서 작품 속 단어와 설정들이 어떻게 번역될지 상상조차 할 수 없었다. 그저 각 나라마다 '참참참'을 어떻게 번역할지, 그 정도가 궁금할 뿐.

학생들이 맞닥뜨린 번역의 난관은 다름 아닌 '24시간 편의점'이라는 공간 그 자체에 대한 것이었다. 유럽에는 놀랍게도 한국·아시아의 편의점과 유사한 상점이 없었다. 그래서 'Convenience Store'에 대응하는 적절한 단어를 찾기 어려웠다고 했다. K와 나는 생각지도 못한 문화적 충격을 받았다.

학생들의 발표에 따르면, 인도·아랍계 상인들과 중국계 상인들이 운영하는 'Minimarket'은 규모는 비슷하지만 한국의 편의점과는 너무나 이미지가 다르다고 했다.

이러한 고민은 결국 '불편한'이라는 단어의 번역으로도 이어졌다. 한자를 공동 개념으로 사용하는 언어권에서는 『불편한 편의점』을 직역해도 이질감이 없다. 하지만 유럽 언어에서는 '신체의 불편함', '정신의 불편함', '마음의 불편함', '느낌의 불편함' 등 불편하다는 개념이 모두 다른 뉘앙스의 다른 단어로 표현되었다.

말하자면, 번역 수업에 참여한 학생들이 가장 고심한 부분이 바로 '제목'이었다. 조별로 이것을 해결하기 위해 여러 단어로 비교 번역하여 의견을 나누는 등, 다양한 협업도 시도했다고 한다. 그들의 진지하고 성실한 학구열을 통해 나조차 이렇게 많은 배움을 얻고 있는데, K는 어떨까? 보아하니 이미 깨달음과 경험치를 획득해 파파파팟 머릿속으로 시놉시스 한 편을 완성하는 듯했다.

워크숍 종료와 함께 다과 시간이 이어졌다. 역시 에스프레소는 이탈리아! 내가 커피와 디저트에 열중하는 사이, 조금 더 깊이 작품 이야기를 나누고 싶은 학구파 학생들은 K를 둘러싸고 사인을 받거나 담소를 나누었다.

나는 한쪽에 쪼르르 모여 앉은 한국인 학생들에게 다가갔다. 유학을 오며 챙겨 온 단 한 권의 소설이 『불편한 편의점』이라 오늘 이 자리에 가져왔다는 학생, 오랜만에 진짜 한국 사람이 하는 강의를 시에나에서 듣게 되다니 감격이라는 학생. 모두들 다른 전공을 수학 중이었다. 한국학과의 오픈 강의이다 보니, 한국어와 이탈리아어를 서로 향상시킬 수 있는 친구를 사귀는 계기가 되기도 했다. 그들이 바쁘게 연락처를 주고받는 모습도 인상적이었다. 자신의 학과 개강 수업을 포기하고 K를 보러 왔다는 아시아권 학생들도 있었는데, 참으로 고마운 발걸음이었다. 비록 서로 할 수 있는 말은 '그라치에'뿐이었지만.

완벽한 토스카나의 가을

공식 프로그램을 성황리에 마친 다음 날, 정 교수님과 김 교수님이 시에나 근교의 끼안티 와이너리 투어를 제안해 흔쾌히 응했다. 토스카나 지역의 상징인 사이프러스 나무가 길게 늘어선 길을 따라 달려 도착한 곳은 와이너리 '보르고 스코페토Borgo Scopeto'. 오랜 역사를 자랑하는 이곳에서 포도농장과 양조장, 숙성고와 보관창고까지 탐방할 수 있었다. 양조장 가문의 일원이라는, 자부심 넘치는 여성 가이드의 설명을 들으며, 우리를 감싸는 포도와 포도주의 풍미가 공기 중에 퍼져 점점 취해가는 기분도 들었다.

프라이빗 투어의 마지막은 역시 시음회였다. 와인만 맛본 게 아니었다. 숙성 햄 프로슈토와 치즈, 쿠키, 초콜릿까지 준비되어 있었다. 와인 특산지 끼안티답게 현지에서만 만날 수 있는 엄격·근엄·진지한 끼안티 클라시코의 진수도 경험했다. 기본형부터 리제르바, 그랑 셀렉시오네, 한국에서는 엄두조차 내기 힘든 빈티지 와인까지 시음하는 꿈같은 순간이었다. 자매품인 그라파와 포도나무 옆 밭에서 재배한 최상급 올리브오일의 깊은 풍미도 경험했다.

우리는 끼안티 클라시코 와인 한 병과, 올리브 나무 한 그루가 압착된 듯한 오일 한 병을 구매했다. 교수님들은 차에 와인을 짝으로 싣고 가셨다는 건, 안 비밀!

한편 시에나는 토스카나의 밀 생산지로도 유명한 지역이다. 정 교수님은 와이너리 투어에 이어 뚜벅이 관광객이라면 좀처럼 방문할 수 없는 해 질 녘 시에나 밀밭 한가운데로 우리를 안내했다. 차창 밖으로 넘실대는 밀밭의 향연에 '우와' 소리가 절로 나왔지만, 아직 진짜가 아니라며 잠깐의 하이킹을 제안했다.

적당히 숨이 찰 무렵 도착한 곳은 끝없는 밀밭 파노라마 뷰 포인트. 탁 트인 들판이 왼쪽, 오른쪽, 앞뒤로 끝도 없이 이어졌다. 수확을 마친 곳은 황갈색, 수확을 앞둔 곳은 황금색으로 이어지는 가운데 붉게 이글거리는 노을의 피처링이 더해져 꿈결처럼 넘실거렸다. 황금빛 바다가 존재한다면 이런 색이겠지. 바람 따라 이쪽으로 저쪽으로 쏴아— 쏴아— 흔들리던 밀 바람 소리와 색깔이 아직도 눈에 아른거린다.

그동안 너무 받기만 한 것 같아 제발 우리에게도 한턱 쏠 기회를 달라고 통사정을 했다. 그렇게 시에나 주민들의 맛집이라는 산 중턱 화덕 피자집으로 향했다. 1인 1피자를 시켰는데도 4만 원이 넘지 않다니, 실화인가! 아란치니와 피자 도우 튀김도 추가 주문해 정신 줄을 놓고 먹어 재꼈다. 아아. 나는 그저 탄산수로 건배!

아직 한국으로 귀국하지도 않았는데, 어떻게 하면 다시 시에나에 돌아올 수 있을지 두 분 교수님과 아이디어를 교환하며 온갖 궁리를 마치고 나서야 자리는 종료되었다.

짧지만 강렬했던 시에나의 추억을 뒤로하고 K와 나는 밀라노로 이동해 며칠 쉬었다. 그리고 리나테 공항에서 비행기를 타고 스페인으로 향했다. 이후 알칼라 데 에나레스와 마드리드, 바르셀로나에서 신작 소설 『나의 돈키호테』의 후반부 추가 취재를 하고, 프랑크푸르트 도서전까지 섭렵한 뒤 돌아왔다. 이 모든 걸 가능케 해준 2023년 가을의 시에나 북 투어는 우리에게 큰 자산이자 추억이 되어주었다.

시에나는 『불편한 편의점』의 첫 유럽 북 투어였고, 첫 한국어 전공 외국인 학생들과의 만남이 이루어진 곳이다. 그리고 1년이 지난 지금, K도 나도 여전히 시에나를 그리워한다.

다시 만날 그날까지, 시에나의 모든 인연들이 건강하길.

아리베데르치!

- 아리베데르치 Arrivedérci: 작별 인사로 '또 만나요', '다시 만날 때까지'라는 뜻의 이탈리아어.

인터뷰 2

이구용
Joseph Lee

KL매니지먼트 대표

KL매니지먼트는 김영하, 신경숙, 김언수, 한강 등 다수의 한국 소설가들의 작품을 해외에 소개하고 판매한 명실상부 한국의 대표적인 문학 에이전시입니다. 이구용 대표는 2020년 『파우스터』를 독일에 판매하며 김호연 작가와 인연을 맺었고, 이후 『불편한 편의점』을 비롯한 김 작가의 모든 작품을 해외 여러 나라에 소개하고 출간을 돕는 큰 역할을 담당하고 있습니다. 또한 편편님의 북 투어를 위해 해외 출판사, 에이전시와 활발히 소통하며 김 작가와 김미쇼를 도와주는 든든한 지원군이기도 합니다.

Q1. 김호연 작가와는 『파우스터』의 독일 수출과 관련해서 처음 만나셨지요? 수많은 작가들이 '소설 파는 남자' 이구용 대표님에게 작품의 해외 수출을 의뢰하는데, 어떤 인연도 없던 김호연 작가와 그의 작품을 선뜻 선택해주신 이유가 무엇인지 궁금합니다.

김호연 작가님을 처음 만난 날을 지금도 기억합니다. 작가님이 저희 사무실을 방문했죠. 더운 여름날이었고, 작가님이 사무실에서 땀을 많이 흘렸습니다. 분명히 에어컨을 틀었는데 그날따라 시원해지지 않고 후텁지근했습니다. 가시고 나서 에어컨을 확인해보니 냉방모드가 아니었더군요. 저 혼자 무척 미안하고 죄송한 마음이었습니다. 그러나 그날의 만남은 작가님과의 추억의 시작이자 역사의 출발점일 뿐이었습니다. 저는 늘 작품을 통해 새로운 인연을 만납니다. 『파우스터』가 김호연 작가님과 저의 인연을 만든 셈이지요. 이 작품에 드러나는 작가님의 아이디어와 통찰력이 저의 직관을 자극했고, 동시에 작가님의 소탈함과 에이전트인 저에게 보여준 응원과 신뢰는 비즈니스 파트너를 넘어 강한 인간적 유대감을 느끼게 했습니다. 그러니 제가 김호연 작가님과 그의 문학을 좋아할 수밖에 없습니다.

Q2. 『불편한 편의점』은 지금까지 해외 27개국에 수출되었습니다. 이렇듯 여러 나라에 진출해 베스트셀러가 될 것을 예상하셨는지요? 그리고 이러한 성과를 내는 데 큰 역할을 해주신 분으로서 판권 수출 시에 어떤 부분에 주안점을 두셨는지도 궁금합니다.

2025년 내에 27개국을 넘어 30개 이상의 국가로 진출할 것으로 기대하고 있습니다. 이미 관심을 갖고 검토 중인 나라와 출판사가 여럿 있습니다. 사실 하나의 문학작품이 10개국 안팎에서 번역 출간된다는 것만으로도 대단한 일입니다. 작품이 지닌 인류 보편의 사유가 세계 출판 시장에서 받아들여지고 있다고 검증된 것이나 다름없지요. 『불편한 편의점』을 처음 읽었을 때 에이전트로서 갖는 기대 혹은 목표치가 있었습니다. 일차적으로 아시아권 5개국 수출을 목표로 삼았습니다. 이어 유럽과 영미권으로 영역을 넓히면 20개국 안팎으로 진출할 수 있고, 작품에 대한 호응이 높으면 더 큰 성과도 거둘 수 있으리라 예상했습니다.

해외 출판 시장으로의 번역 판권 수출 과정에서 염두에 둔 주안점은 '김호연 스타일'의 문학을 부각하는 것이었습니다. 불특정 다수의 일반 독자들이 두루 공감할 수 있는 보편성과 평범한 등장인물들을 통해 묘사되는 독특하고 개성 있는 사유, 그것이 제가 생각하는 김호연 스타일입니다.

Q3. 이제 곧 『불편한 편의점』의 영어판이 미국과 영국에서 출간됩니다. 세계 시장의 메이저리그에서 『불편한 편의점』이 어떤 길을 가게 될지, 그리고 한국어판 원제와는 다른 제목으로 출간되는 이 소설이 영미 시장에서도 성과를 거둘 수 있을지 대표님의 시선으로 한 마디 해주신다면?

번역판 제목은 한국 원제와 다른 경우가 많습니다. 타이틀은 현지 독자 정서와 출판 시장 문화 등을 두루 고려해 작품을 가장 잘 어필할 수 있는 것으로 출판사에서 정합니다. 『불편한 편의점』의 영문 제목 'The Second Chance Convenience Store'도 그런 배경에서 나왔다고 생각합니다. 『불편한 편의점』은 현재 태국, 대만, 독일, 브라질, 이탈리아, 스페인, 그 외 여러 나라에서 좋은 성과를 나타내고 있습니다. 그런 만큼 영미권 출판가에서도 긍정적인 반응을 보일 거라 예상합니다. 팍팍한 일상을 살아가는 이들에게 잔잔한 위로와 희망을 주는 이 소설을 영미권 독자들도 분명 사랑하게 될 거라 기대합니다.

Q4. 김미쇼 프로모터와 업무적으로 긴밀히 소통하는 일이 늘고 있습니다. 아직 흔하지 않은 저 같은 북 프로모터에 대한 대표님의 고견을 듣고 싶습니다. 좋은 북 프로모터가 되기 위해 어떤 소양을

키워야 할지 생각을 들려주신다면?

  이미 훌륭히 잘해오고 있어서 제가 특별히 더할 말은 없습니다. 다만 프로모터와 에이전트의 역할에는 차이가 있기에 그에 관해 말씀드리겠습니다. 에이전트의 일은 그 영역이 예상 외로 넓습니다. 우선 작품(혹은 작가)을 발굴하고 이를 해외에 소개하기 위한 영문 소개 자료와 샘플 번역을 준비합니다. 이어 함께 협업할 해외 파트너 에이전트를 확보하거나 관심 가질 만한 해외 출판사의 편집자를 찾습니다. 그렇게 누군가가 정해지면 해당 작품을 소개하죠. 판권 구매에 관심을 보일 경우 조건 협상을 한 후 계약을 체결합니다. 여기서 끝이 아닙니다. 번역본이 나올 때까지 사이드에서 해외 출판사 편집자에게 업무 협조를 하고, 책이 나온 후에는 프로모션 전략도 함께 짭니다. 이런 일련의 과정이 길게는 몇 년 동안 이어지기도 합니다. 작품 하나에 말이죠. 그럼에도 아무런 성과를 내지 못하는 경우도 허다합니다. 따라서 제가 생각하는 에이전트의 제1 덕목은 작품을 보는 안목과 전문성이라고 생각합니다. 즉, 세계 출판 시장에서 경쟁력을 가질 만한 작품을 발굴해내는 것이죠. 물론 지구력과 인내심도 에이전트가 반드시 지녀야 할 덕목입니다.

12.
ALWAYS편의점이 된 학교 도서관

> 좋은 관계는 절로 맺어지지 않는다.
> 스스로 살피고 찾으려는 노력이 필요하다.
>
> —『불편한 편의점 2』, 314쪽

'속초' 하면 가장 먼저 떠오르는 것은 무엇일까? K와 나에게는 2017년부터 '속초=영랑호'라는 공식이 생겨버렸다.

드넓은 영랑호는 의외로 관광객들에게 잘 알려지지 않은 편이다. 대부분 속초 해수욕장과 속초 시장, 청초호 주변 관광지를 방문하고 영랑호는 지나치는 경우가 많다. 그래서 영랑호 일대는 관광지의 북적임보다는 고요하고 한적한 분위기를 품고 있다. 마치 영랑호 홍보 대사라도 되는 양, 우리는 지인들이 속초에 간다고 할 때마다 이 고즈넉한 호수의 매력을 전파하기 바빴다. 먹을거리, 볼거리, 멍 때릴 거리를 리스트로 만들어 공유하기도 했다.

그중 으뜸은 단연코 영랑호 그 자체다. 드넓은 호수를 감싸는 산책로도 방대하며, 중간중간 등장하는 범바위 시리즈들이 당당한 위용을 뽐낸다. 온갖 새들을 만날 수 있어 탐조에도 적격이다. 눈이 오나 비가 오나 바람이 불거나 햇볕이 쨍쨍하거나 영랑호는 언제나 아름답다. 물결이 잔잔한 구간 산책로에 앉아 검푸른 호수를 멍하니 바라보면 몸과 마음속 거무튀튀한 생각들도 함께 가라앉는다. 그리고 그 너머로 보이는 울산바위의 웅장함이 더해지면, 이곳이 참속초이고 여기가 참자연이구나 하는 감탄이 터져 나온다.

폭염과 폭우가 하루에도 몇 번씩 교차하던 2023년 7월의 어느 날, 강원도 일정이 샌드위치로 잡혔다. 나는 K를 설득해 잠시 쉬며 작업도 할 겸 서울로 돌아가지 않고 영랑호를 가자고 제안했다. 이번에는 한여름 방문이라 보광사에도 들러 연못에 만개한 연꽃을 눈에 가득 담고 숙소로 돌아왔다.

다음 날, 숙소 옆집에는 방학을 맞아 도시에 나가 살던 손주들이 할머니를 찾아왔다. 태풍에도 끄떡없을 튼튼한 아크릴 지붕 아래, 마루에 걸터앉은 소년소녀 네 명의 재잘거림과 꺄르르 웃음소리, 노랫소리가 정겹기 그지없었다. 그래서 나도 모르게 따라 불렀고, 수시로 창밖을 내다보며 옆집 마당을 힐끗거리지 않을 수 없었다.

할머니는 가마솥을 걸어 저녁에 손주들에게 먹일 닭을 푹 푹 고아내고 있었다. 그 아래 장작불에서는 하지감자와 고구마가 익어가고, 간식으로 시원한 수박과 미숫가루도 나왔다. '할머니, 저, 저도 한 입만!'을 외치려다 가까스로 참으며 거칠게 깡생수 드링킹! 창을 열어두었더니 냄새까지 더해져 이 모든 것이 생중계되고 말았다. 이제는 도시에서 보기 힘든 모습과 소리에 설레면서도, 멀리 하늘에 계신 할머니, 할아버지가 생각나 시나브로 뭉클해졌다.

분위기 전환에는 외출이 답이지!

속초에는 '삼삼삼'이 있다. K와 내가 늘 방문하는 책 공간 삼총사(속초교육문화관 도서관, 문우당서림, 동아서점), 카페 삼총사(보드니아 로스터리, 오베르망, 커피벨트), 맛집 삼총사(조롱박 즉석 떡볶이, 어전가 생선조림, 솔밭 막국수)가 바로 그 주인공들이다.

그동안 잘 지냈냐며 교육문화관 도서관으로 향했다. 한동안 국공립 도서관 서가에서는 절찬 대출 중이라 볼 수 없었던 『불편한 편의점』을 만났다. 반갑기도 하고, 어서 누군가 빌려 갔으면 좋겠다는 생각을 하며 속초에서 지내는 동안 읽을 책을 대출한 뒤 분식점 조롱박으로 걸어갔다. 그곳에서 옛 추억 넘치는 즉석 떡볶이와 야채빵으로 '나도 할머니 있었어!'라며 어린 시절의 정서를 함양했다.

포만감을 채운 뒤 영랑호로 돌아와 카페 보드니아를 찾았다. 이곳은 커피도 맛있지만 서가의 책들이 다양하고 깊이가 있어 사장님 중 한 분이 과거 출판계 종사자이지 않을까 하는 느낌이 강하게 드는 곳이다. 그러므로 책 읽기에도, 영랑호를 멍하니 바라보기에도 좋은 단골 카페다.

그때 띠링, 하고 택배 배송 완료 문자가 왔다. 무려 『불편한 편의점』의 일본어판 『不便なコンビニ』가 도착한 것이다. 우리가 몹시 기다리는 것을 알고 하 주간님이 속초로 택배를 보내주셨다. 전국을 쏘다니느라 정신이 없곤 한데, 이 같은 출판사의 든든하고 흔들림 없는 지원이 새삼 고마웠다.

K는 출판사 편집자로 근무하던 시절 다수의 일본 소설 출간을 진행했다. 나 역시 음반사에 근무하던 시절, 여러 장의 일본 음반을 발매했다. 그래서일까? 언젠가 우리의 작품이 우리 손으로 일본에 정식 발표되기를 오매불망 꿈꿔왔다. 우리는 남은 커피를 원샷하고 숙소로 직행했다.

감개무량한 마음 가득 안고 『不便なコンビニ』의 개봉식을 거행했다. 옆집 방문객들에게 뒤지지 않을 만큼 요란하게 환호했다. 수박을 먹고 싶었지만 겨우 두 사람이 한 번에 다 먹기 어려워 대안으로 참외를 사 들고 왔다. 제철 맞은 성주 용

- 『不便なコンビニ』: 2023년 6월 쇼가쿠칸 小学館, SHOGAKUKAN 출간.

암 꿀참외였다. 나는 탄산수를, K는 스파클링 와인을 각각 앞에 두고 참외를 안주 삼아 속초에서의 작은 기쁨에 건배했다.

다시 속초에서의 새로운 날, 영랑호 산책 중 벤치에서 쉬던 K가 나에게 메시지를 보냈다. 브런치스토리에 게재된 에세이 한 편의 링크와 "감동에 겨운 나머지 눈물이 날 것 같다. 미리 알았더라면 깜짝 방문했을 텐데……"라는 소감도 덧붙였다. K는 자신의 작품 리뷰를 종종 검색해 본다. 모두 다 읽지는 못하지만 짬이 나면 최신순으로 정렬해 살펴보곤 했다.
오늘도 그 가운데 하나겠거니 생각하며 나는 심드렁하게 링크를 클릭했다.
'쌀알'이라는 닉네임으로 작성된 「나비야, 그 날개 팔랑이지 말아 주렴」이라는 제목의 글이었다. 무릇 나비의 날갯짓이란 나비효과와 연결되며, 『불편한 편의점』의 띠지 문구인 "정체불명의 알바로부터 시작된 웃음과 감동의 나비효과"와도 닿아 있으니, 편편님으로 인해 무언가가 발현된 이야기가 아닐까 짐작만 해보았다.

이것 참, 일이 또 커졌다. 분명 가벼운 마음으로 시작한 일이었는데, 아니다. '일'이랄 것도 없는 사소한 행위쯤으로 시작된 것이 이상하게 꾸역꾸역 커진다.

이번 학기에는 전교생 14명과 함께 김호연의 『불편한 편의점』을 읽었다. 단체 체험 학습을 가는 버스 안에서 한 소년이 『불편한 편의점』이야기를 꺼냈다. 열다섯 인생 처음으로 책 한 권을 제대로 완독해 본 것 같다며 뿌듯해하자, 다른 소년들도 자연스럽게 이야기를 거들기 시작했다.

"독고 씨가 편의점에서 폐기 도시락만 먹겠다고 할 때 마음이 좀 그랬어."
"나도 그 장면에서 울컥했는데."
"나는 마지막 장면 '강' 이야기 완전 기억에 남는데. 강은 빠지는 곳이 아니라 건너가는 곳임을. 다리는 건너는 곳이지 뛰어내리는 곳이 아님을."

극적인 내용을 차분하게 서술하는 쌀알 작가는 작은 시골 마을 논밭 사이에 자리한 중학교의 국어 교사라는 정체성도 살포시 드러냈다.

선생님의 묘사를 따라 전교생이 탑승한 버스 속 풍경과 그 안에서 대화를 나누는 학생들의 표정이 하나둘 떠올랐다.

아, 오래간만에 들어보는 아름다운 대화였다. 단체 버스 안에서 휴대폰 게임을 하지 않고 책 이야기라니. 이 경이롭고 아름다운 흐름을 방해하지 않기 위해 소년들의 이야기에 귀 기울이며 맞아, 선생님도 그랬어, 와 같은 추임새를 넣기도 하며 대화가 무르익어 갈 때쯤, 소년 Z가 참참참!!이라고 말했다.

소년은 자기도 참참참을 먹어보고 싶다고 했다. 참참참을 먹으면 마흔넷 '경만'의 오천 원어치 혼술의 마음을 이해할 수 있을까.

'참참참'이 어떤 맛일지, 그것을 먹으면 경만 씨의 마음을 이해할 수 있을지 궁금해하는 소년소녀들을 위해 선생님은 '참참참'을 함께 먹어보자 제안했다. 참깨라면, 참치김밥, 참이슬의 원조합에서 소주를 옥수수염차로 대신해 '참참차'로 전환한 행사가 거행된 것이다.

소소한 기획이었던 '참참차'는 교장 선생님의 재가를 얻어 학교 도서관을 'ALWAYS편의점'으로 바꾸는 대대적인 기획으로 덩치를 키워갔다. 정체불명의 알바 '독고' 씨 역할로 학생들이 직접 교장 선생님을 채용했다. 교장 선생님이 앞치마를 두르고 입구에 서서 출석을 체크하는 진정한 '불편한 편의점'이 완성된 것이다.

　글의 말미, 2학기에 근처 초등학교 친구들도 초대해 한 번더 '참참차' 행사를 진행해보자 의기투합하는 교직원들의 이야기와 함께 행사 당일 사진이 올라와 있었다. 편의점 간판과 각종 구조물이 대형 도서관 제작품에 못지않은 고퀄리티를 자랑했다.

　"이거 너무 제대로 꾸미셨는데……!"

　생동감 넘치는 글과 사진까지 보고 나니 가슴이 먹먹해 잠시 아무것도 할 수 없었다. 아마 K도 같은 이유로 나에게 이 내용을 전한 것이리라.

　얼른 노트북을 열어 큰 화면으로 쌀알 작가의 게시 글을 몇 개 더 탐독했다. 학교는 성주 용암면에 있었다. 어제 꿀맛이라며 먹어 치운 용암 꿀참외의 원산지에서 갓 수확한, 따끈따끈한 글이었다.

　"와…… 소름. 성주, 이건 또 무슨 일이야?!"

　영랑호 산책 후 숙소로 돌아온 K가 나의 외침을 듣곤 모니터 앞으로 다가와 되물었다.

　"성주? 성주가 왜?"

　글쓴이의 정체와 학교의 위치에 대해 추적한 내용을 K에게 신나게 나불거렸다. '쌀알'을 닮았다고 자신을 묘사한 선생님은 올해 성주로 발령받아 2학년 담임으로 부임했으며, 올가을 에세이 출간을 앞둔 작가님이라는 것. 그리고 경북교육청 산하 중학교 목록과 본문에 쓰인 정보를 낱낱이 대조해 성주 용암중학교라는 것도 특정했다는 사실을! 헉헉. 숨차다.

"당신은 형사가 됐어야 해."

그러고 보니 K를 도와 집필 자료를 조사하며 희한한 재능이 개화한 것 같기도 하다. 후훗.

어쩐지 팔랑이는 나비의 날갯짓에 작게나마 보탬이 되고 싶었다. 그동안 『불편한 편의점』을 함께 읽고 자발적으로 행사를 진행한 학교들이 몇 곳 있었지만 직접적으로 교류를 나누진 못했다. 하지만 쌀알 선생님의 글과 사진을 보며 "아…… 나도 저기에 있었으면 정말 좋았을 것 같아"라는 의욕을 처음으로 비친 K의 말이 잔상처럼 가슴에 남았다.

직접 방문하는 것은 어렵겠지만 사인 도서를 용암중학교 도서관에 기증하면 어떨지 K에게 물었다. 그는 곧장 고개를 끄덕였다.

플랫폼의 '제안하기' 버튼을 눌러 쌀알 작가에게 연락했다. 고맙다는 인사와 도서 기증을 제안하며 주소도 여쭤보았다. 그리고 그날 저녁, 쌀알 권지연 선생님의 답변을 받았다.

K가 그 글을 읽을 것이라곤 상상도 못 했다며 깜짝 놀랐다고, 개학과 동시에 학생들에게 좋은 선물이 될 사건이 생겨

들뜬 마음까지 전했다. 공개하지 않은 당일 행사 사진도 볼 수 있었다. 환하게 웃는 학생들, 도서관이 편의점으로 변하기까지의 과정이 담긴 소품들.

모니터 속 사진을 바라보며 우리는 서로에 대한 감사와 안녕을 빌었다.

***

그로부터 4개월 뒤인 2023년 11월 1일 오전 8시 30분, K와 나는 대구 동성로에서 차 한 대를 기다렸다. 도착한 운전자는 K의 얼굴을 알아보고 먼저 인사를 건넸다. 그는 학교로 가는 출근길에 우리를 태워주기로 한 성주 용암중학교의 행정 선생님이었다.

팔랑이던 나비의 날갯짓이 생각보다 힘찼나 보다.

결국, 우리는 2학기에 열릴 'ALWAYS편의점' 재개점 소식을 듣고, 도서관을 편의점으로 꾸민 현장을 직접 보기로 했다. 기회를 노리던 나는 창녕에서 북 토크를 마치고 일정을 급선회하여 대구에서 1박 한 뒤, 다음 날 오전 성주에 방문하는 동선으로 여정을 변경했고, K 역시 흔쾌히 동의했다. 권 선생님께 연락해 방문 계획을 전하자 기뻐하며 학교로 이동하는 차량까지 확보해주었다.

마치 은빛 바다처럼 한없이 펼쳐진 참외 비닐하우스를 바라보며 성주 용암중학교에 도착했다. 그리고 마침내 '도서관 편의점'을 마주했다.

세상에, 입구부터 편의점 파라솔과 의자가 놓여 있었다. 'ALWAYS' 간판과 현수막, X배너까지 실사 뺨치는 수준이었다. 참참차를 비롯, 학생들이 원하는 편의점의 온갖 먹거리들이 와글와글, 개구쟁이의 웃음소리처럼 가득 채워져 있었다.

김종달 교장 선생님은 『불편한 편의점』의 표지를 모티브로 머그컵을 제작해 우리에게 선물했다. 알고 보니 교장 선생님은 미술 선생님이었다.

"오늘의 사건이, 다음 달 정년 퇴임을 앞둔 나에게도 너무 좋은 추억이 될 것 같습니다."

독고 씨 역을 맡아 작업실에서 마지막 예술혼을 불태운 교장 선생님이었다.

드디어 만나 감격의 인사를 나눈 권지연 선생님은, 정말 작은 쌀알처럼 투명했다. 선생님이 남긴 이야기가 끝내 우리를 이곳으로 이끌었다.

14명의 용암중학교 학생들과 가족들, 봉고차를 타고 와 함께한 용암초등학교 학생들의 따뜻한 환대 속에서 'ALWAYS 편의점 용암중학교점'은 나비처럼 자유롭게 날아올랐다.

***

2024년 1월, 반가운 택배가 도착했다. 권지연 선생님의 산문집 『쌀을 씻다가 생각이 났어』*의 친필 사인본이었다.

정갈하고 다정한 선생님의 글을 읽다 보니 나의 중학교 시절도 떠올랐다. 그때 나는 학교보다 절을 좋아했다. 청소년 법회를 다니는 절 언니가 바로 나였다.

아무 때고 절 뒷산에 올라 약숫물을 떠 밥을 지었다. 진짜로 쌀을 씻다가 생각이 났다.

책 속엔 나비와 함께 펄럭인 우리들의 이야기도 담겨 있었다.

K가 두 손 번쩍 들고 자발적으로 찾아간 첫 북 투어의 고운 기억이.

●   권지연, 『쌀을 씻다가 생각이 났어』, 폭스코너, 2024.

13.
북 투어의 기쁨과 슬픔

삶이란 어떻게든 의미를 지니고 계속된다는 것을 기억하며,
겨우 살아가야겠다.

—『불편한 편의점』, 266쪽

고려대학교 의학도서관에 다녀오는 길이다. 2023년 마지막 편편님의 북 투어 일정이었다. 이로써 워터폴스토리 출범 후 2년 반 동안 약 200여 개의 일정을 수행했다.

역시 작가와의 만남이 압도적인 비율을 차지했다. 오전과 오후로 나누어 하루 두 번 만남을 진행한 적도 있고, 오전에 비행기를 타고 가 김해에서 독자들을 만나고, 지하철로 이동해 부산에서 사인회를 한 뒤, 바로 기차를 타고 대구로 간 적도 있었다. 영광에서 일정을 마친 뒤 사서 선생님의 차를 얻어 타고 무안으로 이동한 적도 있다. 편편님을 찾는 곳이 없었다면, 차마 엄두도 내지 못했을 일정들이다.

북 투어 초창기에는 재미난 해프닝이 많았다. 그중 가장 큰 이슈는 작가의 성별 논란이었다. 몇몇 도서관 관장님들은 "어머, 작가님!" 하며 반가운 마음에 버선발로 뛰어나와, K와 나란히 선 내 손을 덥석 잡아 올리거나, 나를 김호연 작가로 인식해 명함을 건네며 인사하기도 했다. 옆에서 당황해하던 사서님들의 표정이 아직도 생생하다. 사인할 때 K에게 조용히 다가와 "작가님, 저는 오늘 여기 와서야 작가님이 남성이라는 걸 알게 됐습니다"라고 말하는 분들도 꼭 한 분씩 있었다. 이젠 없으면 서운할 지경이다. 이 모든 것은 편편님 표지 안쪽에 작가의 사진을 수록하지 않아 생긴 일들이다.

문화 충격으로 다가온 만남도 있었다. 남자 중·고등학교를 방문했을 때의 일이다. 한 남자 고등학교 도서관에 모인 학생들은⋯⋯ 그야말로 망부석이었다. 미동도 없고, 마스크를 착용해 표정 역시 읽을 수 없었다. 그런데 선생님들은 환호 가득한 텐션으로 "오늘 아이들 반응이 너무 좋았어요!"라며 나에게 감격을 표했다.

"저, 실례지만 어느 포인트에서 아이들이 반응한 건지⋯⋯"
너무 궁금해 여쭤보니,

"매니저님 여고 나오셨구나. 저희는 알아요. 자는 아이도 없고, 집중도며 호응이며 엄청 좋았다구요. 아유, 설레라"라는 답이 돌아왔다.

나로서는 도무지 캐치할 수 없는 영역이지만 아무렴, 선생님께서 그렇다면 그런 거다.

쾌활하다 못해 정신이 나갈 듯했던 남자 중학교도 생각난다. 실내 체육관 겸 강당에서 『불편한 편의점』이야기를 들려주기로 한 날, 수업 시간에 교실을 벗어난 것만으로도 학생들은 이미 흥분 MAX, 통제 불가 상태! K가 강단에 오른 것과 관계없이 씨름을 하고, 물건을 던지고, 쫓고 쫓기고, 다들 뛰어놀기 바빴다. 나는 입을 떡 벌린 채 멈춰 서 있었고, 앳된 담당 선생님은 이 통제할 수 없는 상황에 거의 울기 직전이었다.

그런데 무슨 바람이 불어서인지 갑자기 0.5초 만에 학생들이 자리에 바로 앉아 무대 위 작가에게 집중했다. 무슨 일인가 살펴보니, 강당 뒤편에 마치 장승처럼 큰 체구의 체육 선생님이 등판한 것이다. 두둥둥두둥. 누가 〈터미네이터〉음악을 배경으로 깔았나 싶을 만큼 위압감마저 들었다. 역시……! 일순간 확 기강이 잡힌 중학생들의 뒤통수를 보자 큭, 하고 웃음이 터졌다.

한편 『불편한 편의점』으로 모의고사를 치른 곳도 있었다. 포천 경북중학교다.

정문경 선생님의 지휘 아래 한 학기 동안 전교생이 『불편한 편의점』을 같이 읽었고, 다양한 독후 활동을 진행했다. 사전 허락을 통해 영상으로 제작한 북 트레일러는 학생들이 직접 출연한 덕분에 한 편의 청춘물로 완성되었다. 웹툰과 일러스트도 전시했는데, 역시 꽃미남 '독고' 씨와 젊음을 뽐내는 '염 여사'를 만날 수 있었다.

독후 활동의 마지막이자 하이라이트는 작가와의 만남과 함께 실시된 '2022 독서골든벨―불편한 편의점'. 정 선생님이 직접 출제한 30개의 문항으로 구성된 본격 시험문제였다. 한 권의 책에서 이렇게 다채로운 질문과 재치 넘치는 생각을 끌어낼 수 있다니! 정답자에게는 소정의 선물도 주어졌다.

이토록 독후 활동에 진심인 학생들이 존재한다는 것은, 선생님들이 오랜 시간 학생과 함께 가꿔온 문화를 기반으로 한다는 것도 깨닫게 됐다. 경북중학교의 독서골든벨은 새로운 경험이자 즐거움이라 그해 연말 SNS 독자 이벤트로 진행하기도 했다.

아찔한 순간도 기억난다. '경기도 광주시 올해의 한 책' 행사로 10월의 토요일 오전 열한 시 경기광주 시립중앙도서관을 방문하기로 한 날이다. 주말에 경기도 광주로 향하는 구간은 매니저들에겐 으레 교통체증이 심한 곳으로 인식되기에, 오전 아홉 시 도착을 목표로 일찌감치 출발했다. 서울을 빠져나가는 것이 수월해 여덟 시에 도착할 수도 있겠다는 농담을 하며 성남시청 인근에 진입했다. 그런데 갑자기 정체가 심해

지더니 급기야 차를 돌릴 수도 없는 국도에 갇힌 채 두 시간이 흘러버렸고, 우리는 김다혜 사서님께 상황을 공유하며 차 안에서 답답한 시간을 보내야 했다.

결국 출연이 예정된 열한 시를 넘겨 도서관에 도착했고, 마중 나온 사서님을 따라 부리나케 대강당으로 뛰어 들어갔다. 무대엔 박준호 관장님이 올라 관객들과 호흡 중이었다. 한마디로 시간을 벌어주고 계셨다.

"늦었습니다. 『불편한 편의점』 작가가 여러분께 불편을 끼쳐드렸습니다. 죄송합니다."

관장님께 바통을 이어받은 K는 관객들에게 사과의 말을 전한 뒤 프로그램을 시작했다. 다행히 너그럽게 이해해준 관객들과 관계자 여러분 덕에 무사히 행사를 끝마칠 수 있었다.

고마운 일들은 끝이 없다. 강연을 마치고 가려는 우리에게 다가와 지역 특산물을 챙겨주는 감사한 분들이 있었다. 당진에서는 해풍 맞고 자란 쌀을 한 포대 받았고, 금산에서는 인삼 캔디와 홍삼 깨보리 과자를, 군산과 청주에서는 명물 팥빵을 선물로 받았다. 이동에 많은 시간이 들어 밥을 챙겨 먹지 못할까 봐 샌드위치나 김밥을 준비해주는 분들도 많았다. 그리고 1년에 평균 다섯 번 이상의 작가와의 만남 출석률을 자랑하는 독자도 생겼다. 문은경 독자님, 최유진 독자님이 그 주인공들이다. 두 분은 황송하게도 내 몫의 간식까지 챙겨줘서 몸 둘 바를 모르겠다. 서점의 유료 프로그램만 찾아 방문하는 이중형 독자까지, 이 자리를 빌려 꼭 고맙다는 말을 전하고 싶다. 소년소녀들이 사인회 중 하나씩 건네는 초콜릿과 막대사탕, 껌, 연필 등도 소중히 보관하고 있다. 그저 객석에 앉아 있는 자체만으로도 우리에게는 큰 선물이다. 모쪼록 맨몸으로 편하게 와 작가와의 만남을 즐기길 바랄 뿐이다.

신규 개관하거나 재개관한 도서관도 많이 찾았다. 광양 금호도서관과 정선 군립도서관은 정말 도서관 때문에 이사하고 싶게 만드는 곳이었다. 여행 중 인근 지역을 방문하게 된다면 이 두 도서관에서 책도 읽고, 음악도 듣고, 햇살도 받으며 한적한 시간을 보내도 좋을 듯하다.

이토록 설레고 미소 지을 일들이 있었다면 한편으로는 곤란한 일들도 어쩔 수 없이 벌어지곤 했다. 특히 대기실에서 많은 일들이 일어난다. 사전 협의 없이 문을 벌컥 열고 들어오면서부터 동영상을 촬영하는 일명 '관계자'가 있다. 소재를 확인할 수 없어 난감할 뿐이다. 지역의 높은 분이 갑작스레 방문해 K를 붙잡고 쉼 없이 이야기를 던지는 경우도 있다. 프로그램 시작 전 혼자만의 시간이 필요한 K에게는 곤란한 일이 아닐 수 없다. 어떤 때는 꽤나 부담이 된다.

지난 2년여를 돌이켜보면, 북 프로모터라는 나의 정체성에 '굳이'라는 물음표를 띄우는 사람도 적지 않았다. 특히 업무 초반에는 각 기관 담당자들과 손발을 맞추는 것이 어려웠다. 찬찬히 살펴보니 작가 섭외의 프로세스라는 것이 딱히 존재하지 않았다. 담당자의 업무 역량에 따라 섭외 방식이 천차만별이었다. 간절한 마음이 담긴 메일이 있는가 하면, 짧고 깔끔하게 섭외 내용과 조건만 담은 메일도 있었다. 물론 다짜고짜 통보하는 메일도. 그중에서도 가장 당황스러운 것을 뽑아보자면 섭외에 관한 모든 내용을 제목에 쓰고 내용은 그야말로 '냉무'인 메일이다. 정말이다. 지금도 1년에 서너 번 정도는 냉무 메일을 받고 있다.

이런 다양한 형태에 똑같은 답을 할 수는 없는 법, 그럼에도 사정에 맞춰 최대한 성실히 답을 했다. 물론 쉽지 않았다.

여기에 더해 작가 개인이 아니라 워터폴스토리라는 회사를 통해 출연료를 정산해야 했기에, 일부 행정 담당자들에게 핀잔을 듣기도 했다. 기관에 따라서는 과업지시서, 착수계, 완료계, 서약서와 같은 25종 이상의 각서와 계약서를 제출해야 한다. 이렇게 많은 서류가 필요하다니, 행정 서류만으로 책 한 권을 족히 쓸 수 있겠다는 생각도 했다.

한마디로 작가 개인과 업무를 처리할 때보다 회사를 통하는 과정이 낯설고 불편한 프로세스였을 것이다. 하지만 나는 나대로 내 일을 알리며 그들과 소통해 나아갔다.

그 가운데 발군의 역량을 보여준 관계자들도 있었다. 바로 문화재단 산하 담당자들이다. 문화재단은 그 특성상 공연과 전시를 늘 진행하기에 워터폴스토리와 K의 관계를 소속사와 아티스트의 개념으로 즉시 받아들였다. 섭외에 필요한 요건, 준비 서류도 명확히 안내했다.

지금의 워터폴스토리는 '작가와의 만남' 섭외부터 의견 조정, 계약, 정산에 이르기까지 내용을 프로세스화 했다. 빈번히 요청받는 양식들을 하나의 꾸러미로 만들어 사전 제출하니 모두가 편했다. 그리고 요즘엔 그 양식들이 표준화되어 오히려 제안 형태로 나에게 되돌아오고 있다. 내가 업계표준을 만들었다니! 믿기 어려운 경험이다.

어쩔 수 없이 짠해지는 업무 이야기를 조금 더 해보겠다. 북 프로모터의 주요 업무는 각종 출간 계약과 함께 2차 판권(영상, 무대극, 웹툰, 애니메이션 등) 계약, 해외 업무 협력, SNS와 홈페이지 유지보수, 정산과 회계 관리까지 다양한 방면을 아우른다. 다만 4:6 정도로 작가와의 만남을 위한 업무가 더 많은 편이다.

섭외 메일을 받으며 느낀 건, 담당자가 어디 소속인지 먼저 정확히 파악해야 한다는 점이다. 특히 공공도서관은 주의가 필요하다. 시군구 산하, 교육청 산하, 문화재단 산하 도서관으로 계보가 나뉘고, 이 같은 분류에 따라 작가와의 만남 형태와 진행·정산 방식도 달라진다.

가장 많은 섭외가 오는 시군구 도서관은 규모가 큰 만큼 100인 이상 수용 가능한 강당을 보유하고 있다. 교육청 산하 도서관은 대부분 100인 미만을 수용하는 다목적 공간을 갖추고 있다. 문화재단은 강당, 회의실, 로비, 야외무대 등 기획에 따라 객석을 탄력 운용한다. 최근 리노베이션을 거친 도서관과 복합센터들은 계단을 객석화해 오픈 무대를 만드는 추세다.

작가 혼자 발표하는 '1인 특강' 형태라면 강당이나 다목적 공간이 적당하다. 작가가 준비한 원고를 송출할 시스템과 마이크, 스피커가 있고, 관객들도 편한 의자에서 작가의 이야기에 차분하고 자연스럽게 몰입하게 된다.

야외 또는 실내라도 탁 트인 장소에서 불특정 다수가 입장과 퇴장, 이동이 가능한 경우에는 '북 토크' 형태로 운용하는 것이 제격이다. 북 토크 전문 사회자나 평론가를 섭외해 작가와 일대일로 대담을 나누는 방식이다. 주로 4월과 5월, 9월과 10월에 야외에서 열리는 북 페스티벌에서 자주 볼 수 있는데, 다소 주위가 산만하더라도 정다운 분위기를 연출한다는 장점이 있다.

이따금 '북 콘서트'를 제안하는 경우도 있다. 작가의 이야기와 음악이 만나 하나의 작은 공연을 연출하고자 하는 담당 기관 또는 담당자의 성향이 반영되는 형태다. 어떤 날은 작가가 주인공이고, 어떤 날은 음악이 주인공이 되기도 한다.

지자체 단위 행사로서 작가와의 만남을 수행할 때는 경우에 따라 행사대행 업체가 중간 매개로 위와 같은 제반 조건을 협상하고 계약과 정산을 진행하기도 한다. 다만 이런 경우, 갑작스럽게 현장에서 귀빈의 인사말 시간이나 시정 홍보용 촬영이 발생하기도 한다. 사람에 따라 다르지만 K의 경우는 카메라를 무척이나 어려워하기에 신중하게 접근할 수밖에 없다.

'올해의 책' 선포식이 아니라면, 일반적인 작가와의 만남에서 내빈과 귀빈의 말씀 시간은 따로 배정되어 있지 않다. 그럼에도 내빈과 귀빈의 말씀 시간이 끼어들 때가 있다. 북 투어 전에는 나도 이런 현장 상황을 전혀 알지 못했다. 시민들이 모이는 장소가 선거를 앞둔 내빈과 귀빈에게 어떤 의미를 가지는지도.

사전 협의, 정산, 진행, 이 모든 것은 다름 아닌 예술가의 처우와 직결되기에 때로는 단호하게 대응할 필요도 있다. 어차피 욕은 양쪽에서 나만 먹어 삼키면 되는 일이다.

인천의 한 학교에서 K가 사인을 하는 사이, 학생 한 명이 나에게 다가와 물었다.

"쌤, 쌤은 K의 매니저예요?"

"저요? 매니저 역할도 하고, 작가가 글을 쓸 수 있도록 다른 많은 일을 대신 하고 있어요."

"그럼 출판사하고는 달라요? 소속사 같은 건가? 뭐라고 불러요?"

"북 프로모터요. 작가 전문 소속사 같은 거예요."

"아, 프로모터! 그럼 또 누가 소속되어 있어요?"

"우리 회사는 K 한 사람만 담당해요. 앞으로도 그럴 거예요."

"에이, 그래서 회사가 유지되겠어요? 작가를 더 소속시켜야죠!"

영롱한 눈빛으로 예리한 질문을 던지는 학생과 친구들이 나에게 더 바짝 다가왔다.

"K 작가 하나로도 일이 벅차서, 앞으로도 K 작가만 담당할 거예요."

"근데 그러면…… 작가님 부인이 쌤 싫어하면 어떡해요?"

"아…… 괜찮아요. 가족이라서요."

"우와아. 그거 정말 잘됐네요!"

그제야 무엇인가 알아챈 학생들은 짝짝짝 손뼉을 쳤다.

그렇다, 나는 잘됐는지도 모른다.

그러니 회사가 유지될까 하는 걱정은 안 하련다. 이 순간만큼은.

14.
이 구역의 MAD는 나야!

> Al final, la vida son relaciones y las relaciones son comunicacion.
> Habia comprendido que la felicidad no estaba lejos,
> que solo tenia que compartir mi corazon con las personas de mi entorno.
> 결국 삶은 관계였고 관계는 소통이었다. 행복은 멀리 있지 않고
> 내 옆의 사람들과 마음을 나누는 데 있음을 이제 깨달았다.
>
> ―『불편한 편의점』, 252쪽

이베리아 반도에서 날아온 초청장

초청을 받아 유럽으로 날아간다는 것은 얼마나 경이로운 일인가!

『불편한 편의점』과 함께 출장으로 유럽의 문을 통과한다는 것은 '꿈같은 일'이었다. 운이 좋아 초대를 받더라도 지원의 대상은 작가 1인이기에 동반 스태프 몫을 지원하는 일은 드물다. 특히 장편소설은 프로젝트가 아닌 이상 공동 집필할 이유가 없을뿐더러 대부분 작가 1인이 움직이기에 제반 비용 지원 범위가 당사자로 한정되는 것이 관례다. 국내도 국외도

이 부분에 대해서는 별 차이가 없다(물론 공연 예술 분야의 경우는 다르다).

편편님의 해외 북 투어 역시 작가 김호연 당사자에게만 항공·숙박 지원을 하거나, 작가의 자발적 방문 일정에 현지 출판사의 요청으로 프로모션을 진행하는 형태였다. 따라서 프로모터인 내 몫의 항공료나 숙박료를 지원받는다는 것은 사실상 불가능했다.

그렇기에 회계적 관점에서 보자면, 내가 북 투어에 동행하는 것은 '비효율적 지출'이 될 것이다. 하지만 이를 투자라는 관점으로 본다면, 1원도 아깝지 않은 엄청난 성과로 되돌아왔다. K라는 개인의 매니저이자 『불편한 편의점』의 북 프로모터로서 해외 프로모션과 회사 대 회사의 카운터 파트너 역할로도 보탬이 된 것이다.

이런 노력들이 인정을 받기라도 한 듯 2023년 여름, 스페인에서 K와 『불편한 편의점』 그리고 나, 김미쇼 씨까지 한 묶음으로 북 투어를 제안했다. 내 몫의 경비까지 책임져주는 조건이었다. 그리고 곧, 이탈리아의 초청도 합세해 유럽 출장 일정이 확정되었다.

나까지 유럽 초대장을 받다니! 크흑, 저 잠깐 감격의 눈물 좀 닦고 올게요.

스페인-이탈리아 북 투어 대장정의 서막

2024년 2월 11일 12시 45분, 마드리드행 직항 편 비행기가 인천공항 제2터미널에서 힘껏 날아올랐다. 우리는 지금 스페인으로 향하는 중이고, 앞으로의 일정을 간략히 정리하면 이러했다.

- 2월 12일: 마드리드. 인터뷰. 서점 '라 미스트랄' 북 토크
- 2월 13일: 바르셀로나. 인터뷰. 서점 '알리브리' 북 토크
- 2월 14일: 로마. 라디오 및 TV, 각종 매체 인터뷰
- 2월 15일: 밀라노. 매체 인터뷰 및 북 인플루언서와의 만남
- 2월 16일: 밀라노. 월간지 인터뷰, 서점 사인 이벤트
  오후 4시 공항으로 출발, 7시 30분 인천행 비행기 탑승

5박 7일 동안의 어마어마한 일정이 우리를 기다리고 있었다. K는 집필 중인 신작 『나의 돈키호테』의 탈고를 앞두고 돈키호테를 낳은 세르반테스의 나라, 스페인에서 초청받았다는 것에 큰 고양감을 느꼈다. 나 역시 이래도 감격, 저래도 감격 모드!

이처럼 스페인-이탈리아 통합 북 투어가 이루어진 데는 다음과 같은 사연이 있었다.

주스페인한국문화원과 이탈리아 출판사 살라니 에디토레[*], 스페인 출판사 두오모 에디시오네스[**]가 공동으로 K를 초청해 『불편한 편의점』의 출간 프로모션을 진행하기로 전격 합의한 것이다.

살라니 편집부는 『불편한 편의점』의 이탈리아어판 출판계약을 마친 직후 스페인어판의 계약 현황도 동시 체크했다. 당시 스페인어판은 3차 경합을 벌일 정도로 판권 경쟁이 치열했는데, 최종 두오모에서 출판계약을 성사시켰다. 알고 보니 살라니와 두오모는 형제 출판사로, 마우리 스파뇰 출판 그룹 Gruppo editoriale Mauri Spagnol, GeMS에 나란히 속해 있었다. 이런 이유로 K와 인연이 깊은 주스페인한국문화원과 살라니-두오모의 3자 협업이 원활히 진행될 수 있었다.

반면 주이탈리아한국문화원과의 협력은 불발되었다. 당시 이탈리아는 한국문학에 대한 소구가 상대적으로 적어 문화원 내에 한국문학 담당자가 없었다.

그럼에도 불구하고 살라니 측은 K와 『불편한 편의점』이 가

- 살라니 에디토레 Salani Editore: 1862년 피렌체에서 설립된, 이탈리아에서 가장 오래된 출판사 중 하나로 GeMS 출판 그룹에 포함되어 있다. 특히 『해리 포터』 시리즈의 이탈리아어판을 출간한 곳으로 유명하다.
- • 두오모 에디시오네스 Duomo Ediciones: 2009년 바르셀로나에서 설립된 GeMS의 첫 번째 해외 출판사다.

진 콘텐츠의 힘을 믿었다. 그 결과, 자신들의 비용으로 K에 더해 프로모터인 김미쇼 씨까지 2인의 유럽 내 모든 교통편과 숙박, 체재비를 지불하기로 결정한 것이다.

모처럼 떠나는 유럽 일정이라면 며칠 여유를 두고 개인 여행을 즐길 법도 하건만, 왠지 제안을 받을 때부터 촉이 왔다. 강행군이 될 것이니 자중하라고, 조심하라고.

아니나 다를까, 출국을 일주일 앞두고 전달받은 일정표를 보곤 짧고 굵게 5박 7일만 잡길 잘했다며 스스로에게 박수를 보냈다. 앞으로 4일 동안 매일같이 도시를 이동해야 했고, 스페인에서는 12건의 인터뷰, 이탈리아에서는 무려 35건의 인터뷰가 예정되어 있었다. 프린트해둔 스케줄 목록을 다시 꺼내 매체명과 기자의 이름을 숙지하며 혀를 내둘렀다.

스페인—염 여사의 경이로운 상점

새벽 여섯 시. 시차 적응에 실패해 잠들지 못한 나는 먼저 말끔히 씻은 뒤 K를 깨웠다.

스페인에 오면 첫날 아침은 무조건 산책 후 뽀라Porra를 먹는 게 나의 룰이자 낙이다. 뽀라는 츄러스의 한 종류로, 흔히 알려진 말발굽 모양 츄러스보다 더 오동통하고 공기층도 많다. 꼬이지 않은 스틱 꽈배기 같은 모양인데, 씹는 맛도 고소

한 맛도 일품이다. 과거 한때 나는 스페인의 맛있는 뽀라를 찾아 30곳 이상을 방문 취재해 그 심오한 세계를 블로그에 연재하기도 했다. 한마디로 뽀라 마니아!

우리 숙소가 위치한 마드리드의 알론소 마르티네스Alonso Martínez 역 근처에는 애정하는 뽀라집 '라 안티구아La Antigua'가 있다. 이곳은 동네 사랑방 같은 곳이라 이른 아침 문을 열고, 일찍 가면 내부에 앉아 차분하게 뽀라와 츄러스, 커피, 착즙 오렌지주스, 꾸덕한 초콜릿을 즐길 수 있다. 관광객을 위한 상점이 아니기에 가격 역시 무척 저렴하다.

모닝 뽀라로 스페인에 왔다는 신고식을 마친 우리는 산책하듯 주스페인한국문화원으로 향했다.

K는 무명 시절 소설의 신에게 간택되듯 마드리드 작가 레지던스에 입주할 기회를 얻었다. 그때까지 그에게 찾아온 작가 인생 최고의 행운이었다.* 바로 그때 스페인한국문화원과도 처음 인연을 맺었다. 당시 문학 담당자였던 나예원 님, 그리고 현재의 문학 담당자인 김숙겸 님과 재회해 뜨겁게 인사를 나누었다. 이어 두오모 출판사의 담당 마케터 라이아Laia

---

• K는 2019년 9월부터 11월까지 마드리드 레지던스에 머물렀고, 이때 기록한 일기를 편집해 집필 에세이 『나의 돈키호테를 찾아서: 포기하지 않으면 만나는 것들』(푸른숲)을 2025년 3월 출간했다.

도 만났다. 유쾌하고 강인한 기백을 겸비한 그녀 역시 우리를 반갑게 맞아주며 특히 나에겐 볼 뽀뽀와 허그를 함께 건넸다.

"언젠가 내 작품도 스페인어로 출간되어 이 문화원 도서관에서 한자리 차지할 수 있으면 좋겠다."

과거 K가 품었던 소망. 그리고 이제 그 바람은 현실이 되었다. 나 역시 그와 함께 금의환향한 기분으로 도서관에 들어섰다. 오늘 스페인에서 출간되는 『La asombrosa tienda de la señora Yeom』이 도서관 한 면을 가득 채우고 있었다. 라이아는 그중 한 권을 K에게 건넸다. '염 여사의 경이로운 상점'이라는 뜻을 지닌 스페인어판 『불편한 편의점』이었다. 짙은 남보랏빛 하늘 아래, 따스한 불빛을 내뿜는 상점, 그리고 그곳의 문을 열고 천천히 들어서는 한 사람의 뒷모습.

K는 유럽에서 처음으로 출간된 『불편한 편의점』을 품 안에 꼭 끌어안았다.

스페인에도 한국과 유사한 개념의 편의점이 없다. 가장 비슷한 소매점은 까르푸 익스프레스와 디아 정도지만 밤 열 시 이후 주류를 판매하지 않고 열한 시에 문을 닫는다. 따라서 두오모 출판사는 스페인 독자들에게 '편의점'이라는 개념을

● 『La asombrosa tienda de la señora Yeom』: 2024년 2월 두오모 에디시오네스 출간.

오롯이 전달하기 어렵다고 판단했고, 그 결과 『La asombrosa tienda de la señora Yeom』이라는 새로운 제목을 붙였다. 더불어 표지 디자인도 스페인에서 직접 제작했다. 한국과 스페인의 정서를 아름답게 교차 반영할 책으로 탄생시키기 위해, 두 오모는 번역자 아이노아Ainhoa, 한국문화원과 협업하여 인쇄 전 원고까지 교차 점검하는 노력을 쏟았다.

든든한 지원군, 주스페인한국문화원

오늘은 점심 식사 전까지 40분씩 총 7개 매체와 인터뷰를 진행해야 한다. 스페인 국영 매체, 라디오, 일간지, 잡지 등 골고루 포진되어 있었다. 혹시라도 인터뷰 중 주의해야 할 내용이나 표현이 있을지 체크하기 위해 스탠바이 시간보다 40분 일찍 도착했다. 내부는 이미 분주했다. 네 번째 순서로 예정된 Telecinco TV 팀이 중계 카메라와 조명을 설치하는 중이었고, 첫 번째 인터뷰 팀도 K를 기다리고 있었다. 이제 업무 모드로 완벽하게 전환할 시간! 옷매무새와 헤어스타일을 점검하고, 산뜻하게 가글까지 마친 K는 문은진 통역사와 아이스 브레이킹을 통해 각자의 언어를 짧게 정리할 시간을 가졌다. 나는 밖에서 라이아, 숙겸 씨와 함께 일정을 교차 확인한 뒤 인터뷰 룸으로 향했다.

시간이 흘러 여섯 번째 인터뷰어가 문을 열고 들어오는 순간, 나는 깜짝 놀라 자리에서 벌떡 일어나 먼저 인사를 했다. 아는 얼굴이었다.

K는 나와 인터뷰어를 번갈아 보더니 머리 위로 물음표를 가득 띄운 표정을 했다.

"2019년에 만난 볼런티어! 도서관 회원증 발급해주고, 한국영화제에서 인사 나눈 그 친구!"

고장 난 로봇처럼 뻣뻣하게 서서 내 말을 해독하는 K를 인터뷰어는 기대에 찬 표정으로 바라보았다.

3, 2, 1…….

"리셉션 가이!"

여섯 번째 인터뷰어 다비드 발리엔테David Valiente, 그는 2019년 문화원 인포데스크에서 근무했다. K의 도서관 회원증을 직접 발급해주었고, K가 방문할 때마다 스몰토크를 나누던 친구다. 문화원에서 개최한 한국영화제 행사에서도 시나리오 작가였던 K에게 한국 영화와 스토리 산업에 대해 질문을 하기도 했다. 그리고 지금, 스페인의 대표 문학잡지 리브룰라Librújula의 기자로 K를 만나러 온 것이다!

두 사람은 누가 먼저랄 것도 없이 자리에서 일어나, 서로를 힘껏 흔들어 안으며 5년이라는 시간을 단번에 좁혔다. 이제 각자의 영역에서 성장한 두 사람은, 서로를 뿌듯하게 마주하며 때로는 냉철하게, 때로는 애정 어린 이야기들을 주고받았다.

인연이란 참 묘하다. 잊을 만하면 나타나 가슴을 찡하게 만든다. 두 사람의 재회야말로 한국문화원이 발굴하고 낳은 또 하나의 감동적인 사건이라고 생각했다.

오전 인터뷰를 마치고 솔 광장과 세비야 역 사이에 있는 멋진 식당에서 점심을 먹었다. 신재광 원장님, 숙겸 씨, K, 그리고 나 이렇게 네 사람이 자리했다. 특히 신 원장님은 오늘과 내일 저녁 진행될 북 토크에 대한 기대감을 한껏 드러냈다.

"북 토크 입장권은 무료였지만, 사전 등록제였어요."

스페인 외무부와 마드리드, 바르셀로나 시의회 산하 공공기관인 카사 아시아Casa Asia와 협력해 온라인으로 입장권을 배부했는데, 결과는? 오늘, 내일 모든 좌석 Sold Out!

얼마 전 진행된 다른 아시아 작가의 북 토크보다 몇 배 이상의 관심을 받고 있어 우리 모두 울컥하면서도 한편으로는 실감이 나지 않았다. 그리고 이어 신 원장님이 덧붙인 말.

"그동안 스페인에서 한국 소설이 출간과 동시에 이렇게 미디어와 독자들의 주목을 받은 건 처음입니다. 무척 고무적인 일이에요."

이른바 K-팝, K-푸드를 잇는 K-북. 스페인뿐 아니라 유럽 전역을 휩쓰는 중이고, 그 한복판에 『불편한 편의점』이 들어오게 되었다. 동시대적인 포문을 열고, 스페인에서의 K-북 열풍을 주도하길 바라면서.

그 말은 K에게도 큰 격려가 되었고, 우리 모두에게도 한국 문학이 유럽에서 자리 잡아가는 '현상'에 대해 체감하게 만들었다. 그동안 여러 나라의 문화원장님들을 만났다. 하지만 이토록 젊은 패기를 가진 원장님은 처음이었다. 그리고 실제로도 젊은 피였다. 덕분에 주스페인한국문화원은 한쪽으로 쏠림 없이 한국 문화를 발굴하고 소개하는 일에 꾸준히 힘을 쏟았고, 그 노력의 결과로 『불편한 편의점』 현지 출간 동시 프로모션이라는 큰 기회를 얻었다.

충만한 마음으로 식사를 마친 뒤 오후 인터뷰를 마저 진행했다. 그리고 마침내 오늘 저녁 북 토크가 열릴 서점 '라 미스트랄La Mistral'로 이동했다.

마드리드의 가장 영향력 있는 서점, 라 미스트랄

스페인에는 대형 서점 체인도 물론 있지만, 개성 넘치는 지역 서점도 무척 많다. 소설 전문 서점, 인문학 서점, 영화 서점, 음악 서점, 만화 서점, 헌책방 등. 책 냄새 맡기를 좋아하는 K와 나는 새로운 곳에 갈 때마다 그 지역의 특별한 서점을 찾아 나서곤 했다. 스페인에서는 운영자의 큐레이션에 따라 서브컬처의 정체성을 고스란히 드러내는 서점들을 구경했다.

이번 북 토크가 열릴 서점 라 미스트랄의 확정 안내를 받자마자 우리는 구글 지도에서 위치와 내부 전경을 살펴보았고, 실로 고풍스러운 분위기에 감탄을 터뜨렸다. 지상 1층은 그랜드 피아노와 함께 블랙 앤 화이트 컬러의 멋진 서가가 펼쳐졌고, 지하 1층은 넓은 이벤트 공간으로 엔틱 가구를 활용해 품격 있는 옛 감성을 자아냈다.

서점의 설립자 안드레아Andrea는 세계에서 가장 아름다운 서점으로 꼽히는 아르헨티나의 '엘 아테네오*'에서 20여 년간 근무한 경력의 인물. 그런 그녀가 2021년 스페인으로 이주해 서점을 오픈한다는 것만으로 라 미스트랄은 단숨에 마드리드에서 가장 영향력 있는 서점 중 하나로 자리 잡았다. 매주 작가와의 만남, 공연, 낭독회 같은 다양한 행사가 열렸다. 서점의 공식 인스타그램 계정에 접속하자마자, 함께 모니터를 들여다보던 K가 그답지 않게 "으워호!" 괴성을 내지르며 호들갑을 떨었다.

그도 그럴 것이, 사랑하고 존경해 마지않는 영화감독이자 작가 페드로 알모도바르**의 얼굴이 떡하니 첫 페이지를 장식한 것이었다.

- 엘 아테네오El Ateneo: 1900년대 초 개장한 오페라 극장을 개조한 서점으로 부에노스아이레스에 위치해 있다.

"그러니까 이 서점에서 알모도바르가 북 토크를 했다는 거잖아……. 이건 정말이지 영광이다. 아니 황송하기 그지없네. 페드로 알모도바르가 북 토크를 한 공간이라니, 나 참……."

K는 그렇게 중얼중얼 혼잣말을 했다.

드디어 저녁, 스페인 독자들과의 첫 만남 장소, 라 미스트랄에 도착했다. 그런데…… 이게 무슨 일이야? 들어갈 수가 없다! 사전 입장권은 이미 매진이라 현장 대기로 입장하려는 독자들이 서점 밖까지 길게 늘어서 있었다. 지하 1층 이벤트홀에 준비된 좌석은 80석. 그걸 100석으로 늘리고 남은 공간은 모두 스탠딩석으로 운용하기로 했는데도 발 디딜 틈이 없었다. 서점 입구에서 지하로 이어지는 계단과 난간까지 관객들로 촘촘하고 빼곡히 메워진 상태였다. 심지어 K와 내가 걸어 내려갈 공간조차 나오지 않는 상황. 서점과 출판사, 문화원 관계자들이 큰 목소리로 안내해주어 겨우겨우 무대 방향으로 가 자리할 수 있었다.

덕분에 아쉽게도 라 미스트랄의 SNS에 사전 공개된 편편

●● 페드로 알모도바르Pedro Almodóvar: 아카데미 수상작 〈내 어머니의 모든 것 Todo sobre mi madre〉, 〈그녀에게Hable con ella〉로 국내에도 잘 알려진 스페인의 거장 감독이다.

님의 특별 매대를 볼 수 없었다. 화려한 LED 소주잔들이 조명처럼 빛나고 그 아래 '참참참' 공간을 데커레이션했는데 어디 있는지 확인할 수조차 없었다.

무대 앞에서 뒤를 돌아 객석을 바라보았다. 동양인은 딱 8명. K와 나, 문화원 관계자들을 합친 숫자였다. 책은 오늘 현지 출간인데 이 많은 분들은 어디에서 온 걸까? 그보다 어떻게 알고 찾아온 걸까? 책을 읽어봤을까? 궁금한 한편, 혹여 안전사고가 발생하지는 않을까 조마조마한 마음마저 들었다.

나의 걱정과는 별개로 무대는 이미 불타오르고 있었다. 서점의 또 다른 운영진이자 오늘 북 토크의 사회를 맡은 페데리코Federico 그리고 K, 문은진 통역가 세 사람은 마치 오랜 친구들처럼 신나게 이야기를 나누는 중이었다. 나는 다시 한번 객석을 바라봤다. 조명으로 식별 가능한 앞줄 5열까지 관객들은 『La asombrosa tienda de la señora Yeom』을 한 권씩 무릎 위에 올려두고 있었다. 뒷좌석 현황은 어두워 확인할 수 없었지만 또 촉이 왔다. 북 토크 시간은 분명 초과될 것이고, 사인회도 엄청 길어질 것이다. 마음 단단히 먹고, 각오하자.

마드리드의 약자 'MAD'답게 오늘의 북 토크는 틀림없이 대박일 것이다!

이 구역의 MAD는 나다, 일하자, 김미쇼 씨!

스페인에서의 첫 북 토크, 성공적

　신재광 원장님의 유창한 서반아어 환영 인사와 함께, 스페인 마드리드에서『불편한 편의점』북 토크의 첫 막이 올랐다. 한국에서 재미있게 읽은 작품이 바로 스페인에서 출간되고, 그것을 직접 소개할 수 있어 기쁘다는 원장님의 말씀에 순간 울컥했다. 그리고, 페데리코의 질문이 바로 이어졌다. 그의 질문은 정말 놀라웠다.『La asombrosa tienda de la señora Yeom』을 탐독한 것은 기본, 심지어 영문판조차 출간되지 않은 K의 산문집들, 그리고 한국에서 진행한 인터뷰 기사들까지 모조리 섭렵했음을 알 수 있었다.

　"당신의 소설을 읽으며 동시에 비주얼적 요소가 머릿속에 펼쳐졌는데, 이것은 그동안 영화 시나리오를 썼던 작법이 적용된 것인가요?"

　"어떤 경험들이 '편의점'이라는 공간을 배경으로 설정하게 만들었는지요?"

　"『매일 쓰고 다시 쓰고 끝까지 씁니다』라는 산문집의 제목은 당신의 글쓰기 원칙을 상징하는 것이 맞나요?"

　페데리코는 비슷하지만 한 번 더 고민하게 만드는 질문들을 던졌다. K는 신중하게 답변을 이어갔다.

　그리고 신기한 현상이 또 있었다. 하루 종일 인터뷰를 함께

하며 K와 문 통역가의 호흡에 적응하다 보니 어느 순간 지금 스페인어로 어느 구간을 이야기하는 중인지 자연스럽게 알아들을 수 있는 경지(!)에 이르게 된 것. 그러다 보니 K가 미디어 인터뷰 때 했던 답변 중, 북 토크에서 빠진 내용이나 키워드를 문 통역사가 알아서 챙겨 전달하는 모습을 보고 '참통역인'이란 이런 것이구나 하고 절절하게 깨닫게 되었다.

"다음 작품을 준비하고 있다면, 어떤 것을 쓰는 중인지 알려줄 수 있나요?"

객석에서 나온 마지막 질문이었다. 이때, K와 문 통역사의 호흡은 정점을 찍었다.

K는 느닷없이 자리에서 일어나 주머니에서 한 장의 빨간 카드를 꺼내 관객들에게 보여주곤 왼쪽 가슴팍에 손을 올렸다. 그리고 대답했다.

"저는 '마드릴레뇨(마드리드 사람)'입니다. 이것은 2019년 가을, 제가 마라톤 광장 부근 마드리드 레지던스에 입주 작가로 있을 때 발급한 마드리드 교통카드입니다."

그 순간, 문 통역사는 말뿐 아니라 표정과 몸짓까지 K를 그대로 복사했다. 객석에서는 깔깔깔 웃음이 터져 나왔다. 뒤이어 K는 아직 한국에서조차 공개하지 않은 차기작을 발표했다.

"다음 소설의 제목은 『나의 돈키호테』로 한국의 돈키호테에 관한 이야기입니다. 여러분의 세금으로 제가 이 나라 이

도시에 초대되었고, 이제 제가 가장 사랑하는 책이자 스페인의 보물인 『돈키호테』에 그 글빚을 갚을 때가 되었습니다."

객석에선 웃음기가 싹 빠진 낮은 탄성이 터졌다. K의 마지막 말이 통역되는 순간, 우레와 같은 박수와 환호성이 서점 안을 가득 메웠다.

내 옆에 나란히 앉은 라이아는 기립박수를 보내더니 와락 나를 껴안았다. 이쯤 되면 습관성인 것 같지만, 나는 이후로도 그녀의 품을 몇 번 더 왔다 갔다 하며 스페인 사람들의 화끈한 정을 가득 느꼈다.

바르셀로나로 이어진 인터뷰 행진

다음 날 새벽. K와 나 그리고 라이아는 마드리드의 서울역으로 통하는 아토차Atocha 역으로 이동했다. 바르셀로나행 고속열차를 탑승하기 위해서다. 과거 열차 테러 사건 발생 이후 보안 검사가 엄격해져 고속열차를 이용할 예정이라면, 적어도 한 시간 이상 여유를 두고 아토차 역에 도착해야 했다.

곧 문화원의 숙겸 씨가 합류했고, 우리 넷은 역 카페에서 간단히 커피를 즐긴 뒤 기차에 올랐다.

꿈과 모험, 가우디, 피카소, 츄러스의 도시 바르셀로나! 하지만 우리는 기차에서 내리자마자 캐리어와 작별하고(출판사

직원들이 호텔로 미리 옮겨주었다) 즉시 인터뷰 진행을 위해 이곳저곳으로 이동하게 되었다.

역시 인터뷰 장소에 도착하자마자 미리 와 기다리던 기자들과 마주했다. 열차에서 숙면을 취한 K의 뒷머리가 너무 눌려서 못내 아쉬웠지만 미리 챙겨둔 옷으로 허겁지겁 갈아입고, 머리카락에 물과 왁스를 발라 기사회생시켰다. 그곳에서 K는 몇 군데 인터뷰를 더 해치웠다.

한 매체는 '동양에서 온 작가의 정체성과 상점의 분위기를 전하고 싶다'며 대형 아시아 식료품점에서 사진을 찍자고 제안했다. 포토그래퍼가 선정한 구도를 보니 일본과 중국 과자가 잔뜩 진열된 공간이라 망설여졌다. 이왕이면 저쪽 불닭볶음면 시리즈와 한국 제품으로 도배된 공간에서 촬영하는 것이 좋지 않을까 제안했지만, 아쉽게도 조명 문제로 채택되지 않았다. 하지만 이대로 사진이 나가는 건 영 찝찝했다.

순간 숙겸 씨와 나는 강렬한 눈빛을 교환 후 재빠르게 움직였다. 불닭볶음면, 신라면을 필두로 각종 떡볶이, 과자 등 한국 식품들을 가져와 K의 뒤로 진열한 뒤 촬영을 마치자마자 신속 정확하게 원상 복구시켰다.

인터뷰를 마치고, 관광객이 몰려드는 고딕지구 안쪽 깊숙이 자리한 라이아의 추천 식당에 도착했다. 그런데 인터뷰가 지연돼 늦게 온 탓에 예약해둔 자리는 이미 다른 손님들이 착

석한 상태였다.

하지만 바르셀로나, 즉 카탈루냐 출신의 라이아는 단골 찬스를 가동해 점원들과 볼 뽀뽀, 허그를 나누더니 없는 자리를 만들어내는 현지인의 위엄을 선보였다.

세월의 흔적이 엿보이는 오래된 식당. 그러나 동시에 세련된 분위기를 보아하니 틀림없이 '레알Real' 맛집이 분명했다. 테이블을 둘러보니 식사 중인 사람들은 대부분 가족 단위 또는 노인 커플이라 관광객이 가득한 고딕지구에서조차 우리는 무척 신기한 존재처럼 보였다. 라이아의 추천 메뉴 ① 카탈루냐식 크로켓 ② 스페인식 순대 모르시야Morcilla ③ 생햄 하몽Jamón ④ 감자튀김 ⑤ 홍합 요리 등 센스와 맛을 겸비한 타파스 스타일의 가정식으로 배를 든든히 채운 후 두오모 출판사 본사로 향했다.

출판사의 규모는 크지 않았지만 그래서 더 다정한 분위기였다. 어제 마드리드 북 토크에서 K가 스페인의 화가 고야와 소로야를 무척 좋아한다고 했던 코멘트를 기억해둔 편집장님께서 환영의 인사로 고야의 작품집을 선물해주었다. 엄청나게 크고, 두껍고, 무겁고, 웅장한 책이었다. K는 그것을 보물이라도 되는 양 조심스럽게 품에 안아 올렸다.

그러나 화기애애한 시간도 잠시, 라디오 출연 및 인터뷰의 향연이 이어졌다.

알리브리 서점에서의 두 번째 북 토크

저녁 일곱 시. 우리는 바르셀로나 대학Universitat 역 근처 서점 '알리브리ALIBRI Llibreria'로 이동했다. 바로 그곳에서 바르셀로나 독자들과의 만남이 진행될 예정이었다. 대학가답게 이 지역도 서점이 참 많았다.

자연스레 나의 첫 바르셀로나가 떠올랐다. 2013년 2월 밴드 글렌체크와 함께 이곳에 왔었다. 그때 머물던 숙소, 단골 밥집과 가까워 지나가며 들른 적이 있던 서점 알리브리. 11년 전 그날, 이 거리에서는 축제가 한창이었다. 퍼레이드 도중 싸이의 〈강남스타일〉이 계속 울려 퍼졌다. 그때의 서점에서는 한국 작가의 책을 찾을 수 없었지만, 지금은 아시아 문학에서도 독립해 한국 소설 섹션이 따로 있었다.

그리고 우리의 편편님이 그중 한자리를 꿰차다니! 익숙하진 않지만 기꺼이 즐기고 싶었다.

오늘 북 토크 진행자로 나설 에스터Ester Torres Simón 교수와 인사를 나눴다. 그녀는 바르셀로나 자치대학교UAB 동아시아학 학부에서 한국문학과 한국어 교수로 재직 중이었다. 그만큼 한국문학과 출판 시장에 조예가 깊었다.

"최근 한국 소설 시장의 흐름을 보면 참 흥미롭습니다."

에스터 교수는 자신이 경험한 한국 출판 시장의 경향을 이

● 알리브리 서점의 한 자리를 차지한 스페인어판 편편님.

야기하며, 특히 편편님이 일궈낸 성과를 주목한다고 했다. 그들이 대화를 나누는 동안, 나는 추억에 젖어 서점 곳곳을 둘러보았다. 각국에서 유학 온 학생들의 스터디를 홍보하는 알림판이 눈에 띄었다. 자연스레 한글이 눈에 확 들어왔다. 바르셀로나에서 공부하는 한국 유학생들도 이 서점을 통해 많은 교류를 나누겠지. 흐뭇한 미소가 절로 지어졌다. 알림판

옆 책장으로 눈을 돌리니 생텍쥐페리의 『어린왕자』 셀렉션이 보였다. 이 서점이 처음 문을 열었을 때, 프랑스 서적 전문점이었다는 사실을 다시 한번 일깨워주는 광경이었다. 한국어판 『어린왕자』도 다양한 판본이 전시되어 있어, 그저 신기하게 바라볼 수밖에 없었다.

문화원장님을 대신해 오늘은 숙겸 씨가 독자들을 향해 환영의 말을 건넸다. 유창한 스페인어로 K를 소개하는 그녀의 씩씩한 모습에 내가 다 감격스러웠다. 이번 스페인과 이탈리아 북 투어를 오랜 기간 준비하며 김숙겸 씨는 정말 든든한 지원군이 되어주었다. 메일을 주고받은 지도 오래된 데다 이틀 동안 붙어 지내다 보니 동지애마저 싹텄다.

알리브리 역시 준비된 모든 좌석이 만석이었다. 100여 명 이상의 바르셀로나 독자들과 마주하는 경이로운 순간을 다시 한번 느끼며 집중력 높은 북 토크가 이어졌는데, 그중 한 독자의 질문이 의미심장했다.

"이번엔 공용어로 책이 나왔지만, 카탈루냐어로 책을 출간할 생각은 없나요?"

그 순간 객석에서는 휘파람과 함께 박수가 터져 나왔다. 그렇다, 예전에도 지금도 바르셀로나의 카탈루냐 광장에서는 카탈루냐 자치 독립을 염원하는 시위가 이어지고 있다. 스페인이라는 커다란 국경 안에서 비슷한 듯 미묘하게 다른 언어와 고유의 정체성을 지닌 바르셀로나와 카탈루냐의 사람들. 그들의 기백에 K는 이렇게 화답했다.

"카탈루냐어로 『불편한 편의점』이 출간된다면 더없는 영광이겠습니다. 여러분이 스페인에서 이 책을 베스트셀러로 만들어주신다면 저쪽에 계신 출판사 직원, 라이아 씨가 반드시 그 꿈을 현실로 만들어줄 거라고 생각합니다."

순간 빨간 머리카락의 라이아가 불사조처럼 화르륵 불타오르는 모습을 흉내 냈다. 서점 안은 웃음소리로 가득 차올랐.

스페인으로 출발하기 전, 특별한 준비를 했다. 먼저 인사동 손도장 상점에 들러 '김호연'의 한글 손 글씨 도장을 만들었다. 그런 다음 A4 용지에 '영문 대문자로 사인받을 이름을 적어주세요'라는 문구를 인쇄해 여러 장 준비했다. K가 스페인 독자들의 이름을 한글로 써주기 위해서였다.

다행히 독자들의 반응은 뜨거웠다. 한글 도장이라는 특별한 동양의 문화를 경험하는 것, 자신의 이름을 K가 한글로 직접 적어주는 것에 크게 기뻐한 것이다. 이러한 노력에 화답하듯 독자들도 어려운 한국어를 연습해 "안녕하세요"라고 또박또박 말하며 K 앞에 섰다.

놀라운 건 '한국 문화' 그 자체를 소개하는 인플루언서들뿐 아니라 그저 한국이 좋아 독학으로 공부해 유창한 한국말을 구사하는 관객도 많았다는 점이다. 한류는, K-웨이브는 현재 진행형이었다. 이 뜨거운 열기 속에서 이 시대를 살아가는 독자들과 함께할 수 있다는 것이 그저 고마울 따름이었다. 『불편한 편의점』이 한국을 넘어 이런 좋은 시절에, 세계의 독자들과 만난다는 것. 그것은 단순한 책의 여정이 아니라 우리가 함께 만들어가는 이야기의 일부였다. K와 스페인 독자들, 번역가와 편집자, 문화원과 서점, 그 안에서 우리가 공유한 시간, 그 모두가 각자의 자리에서 하나의 책을 중심으로 연결되고 있었다.

인터뷰 3

김숙겸
주스페인한국문화원 실무관

    2019년 김호연 작가는 스페인 마드리드의 헤지덴시아 데 에스튜디안테스Residencia de Estudiantes에서 3개월간 입주 작가로 지내며 주스페인한국문화원과 인연을 맺습니다. 마드리드 생활 중 한국 도서를 빌려 읽고, 한국영화제에도 참여하며 문화원의 환대에 감사했던 김 작가는 2023년 소설 『나의 돈키호테』 취재를 위한 스페인 재방문 시, 문화원에 자신의 책을 기증합니다. 그때 처음 인사를 나눈 문학 담당자 김숙겸 실무관은 『불편한 편의점』 스페인어판 출간 북 투어에서 큰 도움을 준 바 있습니다. 김숙겸 실무관은 한국문학과 스토리 콘텐츠를 스페인에 알리는 데 힘을 기울이고 있습니다.

Q1. 스페인은 K-컬처 열풍이 상당히 높고 꾸준하다고 들었습니다. 『불편한 편의점』 이전에도 한강, 정유정, 조남주, 김금숙 작가님의 작품이 좋은 성과를 거뒀다는 점 역시 주목할 만한데요, 한국문학이 스페인에서 경쟁력이 있다면 어떤 점을 들 수 있을지요? 또한 스페인에서 인기 있는 또 다른 한국 작품이 있다면 알려주세요.

한국문학의 경쟁력은 보편성에 있다고 생각합니다. 한국문학작품을 주제로 진행한 북클럽에서 항상 빠지지 않는 이야기가 '주인공의 상황과 감정에 절절히 공감이 된다'는 후기인데요. 한국의 역사적 트라우마를 그린 소설, 한국의 불평등을 논하는 소설 등 어떻게 보면 가장 한국적인 이야기에 스페인 독자가 공감한다는 것은 한국문학의 섬세하고 아름답고, 때로는 처절한 심리묘사가 국경을 뛰어넘는 공감대를 형성한다는 의미이지 않을까 해요.

스페인은 전통적으로 추리소설이 강세를 보이는 나라이기 때문에 사람과 사람이 살을 맞대고 살아가는 일상과 그 속에서 만나는 보편적인 감정을 묘사하는 작품들이 큰 주목을 받진 않았어요. 하지만 최근 사라 메사Sara Mesa, 안드레아 아브레우Andrea Abreu와 같은 스페인 작가들이 많은 독자들의 사랑과 주요 문학상을 받으면서 일상과 인간의 내면을 다루는 소설이 하나의 주요 트렌드로 자리 잡고 있어요. 이러한 스페인

문학계 트렌드가 보편적 주제를 다루는 한국문학에 대한 관심을 높이는 데도 긍정적인 역할을 했다고 생각합니다.

한강 작가님의 『채식주의자』, 『희랍어 시간』, 손원평 작가님의 『아몬드』, 김금숙 작가님의 『풀』 등이 여전히 뜨거운 사랑을 받고 있는데요. 다만 최근 『어서 오세요, 휴남동 서점입니다』와 같은 힐링 소설이 스페인에서 다수 출간되는 걸로 보아, 단연 스페인에서 가장 주목하는 한국 소설 장르는 힐링 소설이지 않을까 싶습니다.

Q2. 2024년 2월 스페인어판 『불편한 편의점』 출간 행사는 대단한 열기 속에서 진행됐습니다. 마드리드의 라 미스트랄 서점, 바르셀로나의 알리브리 서점 모두 좌석이 매진되고, 현장 대기 입장을 위해 서점 바깥까지 줄을 선 독자들의 모습을 보며 정말 깜짝 놀랐습니다. 『불편한 편의점』 시리즈가 스페인 독자들에게 어필하는 지점은 무엇일까요?

문화 행사를 기획하다 보면 어떤 홍보 메시지를 전달할지 고민될 때가 많습니다. 『불편한 편의점』의 경우 백만 부 판매 베스트셀러라는 완벽한 문구가 있음에도 며칠 동안 홍보 메시지로 고민했던 기억이 납니다. 백만 부라는 숫자가 가독성과 임팩트가 크긴 했지만, 딱딱하고 차가운 숫자 뒤에『불편한 편의점』이 가진 따뜻함이 가려지는 느낌이었거든요. 책을 덮었을 때 소름이 끼치거나 후련한 기분이 드는 경우는 많지만 따뜻한 위로의 눈물을 흘리기는 쉽지 않다는 부분을 강조하고 싶었어요. 첫 스페인 출간을 앞둔 작가의 작품을 스페인 사람들에게 생소한 개념이었던 '힐링 소설'로 홍보해도 될까 하는 고민도 있었지만, 한번 메시지의 방향을 정하니 소셜미디어, 언론 홍보는 순풍을 타고 진행되었습니다.

  소셜미디어 홍보는 행사 전까지 총 4회 진행되었는데, '한국에서 온 위로를 전하는 소설'이라는 점이 스페인 독자들에게 흥미롭게 다가가는구나 눈치챌 수 있었죠. 스페인에서 볼 수 없는 감성적인 표지와 새로운 문학 장르라는 점도 호기심을 자극했겠지만, 현대사회를 살아가는 스페인 독자들에게도 따뜻한 위로와 치유가 필요했던 게 아닐까 생각합니다. 문화원에서는 작품의 '치유의 힘'을 강조한 반면 출판사는 '케이팝 스타가 선택한 소설'이라는 홍보 문구를 사용한 덕에 현지 한국 문화 애호가와 문학을 사랑하는 스페인 독자들을 모두 사로잡는 성공적인 행사가 된 것 같습니다.

Q3.『불편한 편의점』에는 'JS' 이른바 '진상' 손님이 등장합니다.

이를 스페인어판에서는 어떻게 번역하여 소개했는지 궁금합니다.

저도 『불편한 편의점』 스페인어판에서 가장 먼저 찾아본 표현이 바로 'JS'였는데요. 스페인어판에서는 'JS'가 'GC'로 변합니다. GC는 'Grano en Culo'라는 약간 상스러운(?) 표현의 약자인데요. 스페인어로 엉덩이 종기라는 뜻입니다. 큰 고통을 주진 않지만 눈엣가시같이 거슬리는 진상 손님을 스페인어판에서도 유쾌하게 잘 표현한 것 같아요.

Q4. 김호연 작가의 다른 소설이 스페인에서 출간된다면 출판사와 독자에게 어떤 작품을 추천하시겠습니까?

개인적으로는 『연적』을 『불편한 편의점』 다음으로 좋아하지만, 스페인 출판사와 독자들에게는 『나의 돈키호테』를 추천하고 싶습니다. 한국의 돈키호테, 산초가 등장하는 소설이 출간되는 데에 세르반테스의 나라인 스페인만큼 제격인 곳이 또 있을까요? 스페인에는 『돈키호테』에서 영감을 받거나 소설 속 대사를 인용한 문학작품이 많지만, 대전-라만차, 부산-바르셀로나처럼 1만 킬로미터나 떨어진 한국과 스페인이 돈키호테로 하나가 된 소설은 『나의 돈키호테』가 처음이잖아요.

그리고 『나의 돈키호테』를 읽다 보면 한국이 궁금해져요. 돈 아저씨를 찾는 솔의 행적을 따라가다 보면 내가 머물렀던, 알았던 한국을 조금 더 따뜻한 눈으로 보게 되거든요. 우스꽝스러운 캐릭터를 통해 삶의 가치를 얘기했던 세르반테스처럼 고집이 세지만 인간적인 솔과 미스터리한 돈 아저씨를 통해 김호연 작가님은 독자들에게 용기의 메시지를 건네고 싶었던 게 아닐까 하는 생각도 들고요. 이렇게 한국-스페인의 평행 이론을 보는 듯한 『나의 돈키호테』를 통해서 『불편한 편의점』으로 위로받았던 스페인 독자들이 이번에는 자신에 대한 믿음과 용기를 만날 수 있었으면 좋겠어요.

Q5. 마지막으로 여러 한국 작가님들이 스페인에서 북 투어를 하셨는데, 김 작가처럼 '북 프로모터' 역할을 수행하는 인력과 함께 방문한 경우도 있었는지요? 그리고 김미쇼 프로모터의 역할과 활동에 대해 평가하신다면?

북 프로모터와 함께 스페인을 찾은 분은 김호연 작가님이 유일했습니다. 작가 매니지먼트 소속 작가님 초청 시 매니저 분과 소통한 경우는 있었지만, 직접 동행한 경우는 없었습니다. 문학 행사를 진행하는 데 있어 가장 큰 어려움이 스페인 출판사-해외 판권 에이전시-한국 출판 에이전시를 거쳐야만 작가님과 소통이 가능하다는 점인데요. 위의 복잡한 단계를 거치는 게 일종의 스페인 출판계 관습이라 피하기 어렵다 보니, 때때로 세부 사항 조율에 오랜 시간이 걸리기도 합니다.

그런데 김미쇼 프로모터님과는 모든 과정이 수월하게 진행되었어요. 여러 단계를 거친 커뮤니케이션이라고 생각하기 어려울 정도로 신속한 결정과 효율적인 의사소통에 참 감사했던 기억이 납니다. 한 행사에 출판사를 비롯한 여러 기관들이 협력 관계로 엮인 경우가 많기 때문에 불가피하게 변동 사항이 발생하는 경우가 있는데, 프로모터님이 이런 역학 관계를 이해해주고 행사에 집중할 수 있도록 도와주어 큰 힘이 되었습니다. 그래서 '믿고 함께하는 김미쇼 프로모터'라는 수식어를 붙여드리고 싶어요. 여담으로 사진도 정말 잘 찍으세요. 피사체에 대한 애정도 드러난달까요!

15.
로마의 퀵 런치, 밀라노의 인터뷰 무한 루프

«E questo.»

«Cosa?»

«Quando qualcuno ti ascolta ti senti meglio.»

"그거예요."

"뭐가요?"

"들어주면 풀려요."

—『불편한 편의점』, 108쪽

'퀵 런치'를 아시나요?

 바르셀로나에서 로마로 향하는 이탈리아 항공 기내에서는 이륙과 함께 밸런타인데이 기념 초콜릿을 나눠주었다. 아, 오늘이 2월 14일이구나! K와 나는 역시 낭만의 이탈리아라며 잠시 느긋한 기분에 빠졌다……만, 로마 레오나르도다빈치 국제공항에 내리자마자 여유와 낭만은 온데간데없는, 진정한 '북 투어 강행군'이 우리를 기다리고 있었다.

 이탈리아의 살라니 출판사 마케팅 담당자인 리카르도 Riccardo는 왓츠앱 메신저로 미리 연락을 나누었는데, 어젯밤

바르셀로나에서 받은 마지막 메시지가 참으로 의미심장했다. 'Lots of Interviews'와 함께 펭거 크로스 이모티콘을 보낸 것이었다. 나는 진즉에 마음의 준비를 끝냈고, 이탈리아로 향하는 내내 K에게 긴장을 풀지 말 것을 주문했다. 2박 3일 동안 30분 간격으로 35건의 인터뷰가 예정되어 있기 때문이다. 그는 걱정할 것 없다며 오히려 나에게 릴렉스를 강조했다.

로마 공항에 내려 캐리어를 찾고 나오니 'KIM HO-YEON'이란 손 팻말을 든, 마치 이탈리아의 터미네이터처럼 보이는 장신의 픽업 기사를 만날 수 있었다. 우리는 그를 쫓아 고급 세단에 올랐다. 그런데 공항을 벗어나자마자 갑자기 추격 모드로 돌변! 거칠고 빠르게 운전하는 그가 진짜 로봇처럼 보였다. 내 생전 차 내부의 손잡이를 그렇게 꽉 쥐어본 일이 없었다. 허허.

쾌속 질주를 마친 그는 개운한 표정으로 우리를 호텔 앞에 내려주었다. 그리고 로비에서 드디어 리카르도와 만났다. 그는 왓츠앱 프로필 사진과 똑같은 모습이었다. 전체적으로 동글동글하면서도 명민한 인상의 사내였다.

그는 이번 이탈리아 북 투어에 함께할 통역사 간세희 교수님을 소개해주었다. 간세희 교수님은 지난해 시에나 외국인대학교에서 이미 인사를 나눈 바 있어 우리는 반가운 재회에 함께 두 손을 맞잡고 웃음꽃을 활짝 피웠다. 리카르도는 서로

들 친한 모습을 확인하곤 안도했는지, 즉시 '퀵 런치'를 위해 우리를 부근 식당으로 안내했다.

'퀵 런치라니……'

미식과 낭만의 나라 이탈리아와 전혀 어울리지 않는 이 단어를 일정표에서 발견했을 때만 해도 K는 설마설마하는 마음이었다고 한다. 하지만 역시 퀵 런치는 30분 안에 파스타와 에스프레소 한 잔을 때려 마신 뒤 자리에서 일어나는 확고한 시스템이었다. 그 정신없는 와중에도 본고장의 파스타와 에스프레소는 어찌나 맛있는지, 역시 이탈리아였다. 아쉬워하는 우리의 모습을 읽은 리카르도는 무척이나 미안해하면서 디너는 충분히 여유 있게 대접하겠다며 다시 따옴표 제스처를 취했다.

로마의 휴일 아니 로마의 열일

빠른 걸음으로 로마 시내의 관광지 한복판 골목에 자리한 서점으로 가 첫 인터뷰를 시작했다. TV 중계 카메라와 리포터, 방송국 마이크가 등장해 K를 얼어붙게 했다. 나는 재빨리 서점 한쪽에 놓인 『Il minimarket della signora Yeom』을 K의 손에 건네주었다. 『불편한 편의점』의 이탈리아어판이 손안에 들어오자 자신감을 얻은 듯 그는 안정을 찾아 이탈리아에서의 첫 번째 인터뷰이자 TV 인터뷰를 마쳤다.

서점에서부터 뛰듯 이동해 다시 호텔 로비로 돌아왔다. 온라인 매체와 문학 서평 사이트의 인터뷰를 각 30분씩 진행한 뒤 리카르도가 미리 불러둔 택시를 타고 로마 외곽에 위치한 국영방송국 Rai로 향했다. 퇴근 시간에 많이 듣는 라디오 프로그램 〈Fahrenheit〉에 출연하기 위해서였다. 우리로 치면 〈배철수의 음악캠프〉 같은 인기 프로그램이란다.

택시에서 간세희 교수님은 오늘의 TV 인터뷰와 라디오 출연도 대단하지만 내일 밀라노에서 인터뷰하는 매체들의 목록은 역대급이라 무척 놀랐다는 말을 전했다.

"이탈리아 메이저 매체를 포함해서 거의 대부분의 미디어랑 인터뷰하던데, 이거 정말 흔한 일 아니에요. 출판사가 작정했나 봐요. 얼마 전에 한국 영화팀 통역도 진행했었는데, 이 정도는 아니었어요! 제 포트폴리오에도 큰 도움이 될 것 같아요."

K와 나는 다시 한번 일정표를 꺼내 살폈다. 내일 오전 밀라노로 이동한 뒤 호텔에 도착하자마자 20여 곳의 인터뷰가 역시 30분 간격으로 잡혀 있었다. 저녁에는 북 인플루언서들과

• 『Il minimarket della signora Yeom』: 2024년 2월 살라니 에디토레Salani Editore 출간.

의 대담이, 한국으로 출국하는 다음 날에도 저녁 비행기를 타러 공항에 가야 하는 오후 네 시 전까지 여섯 곳의 매체와 인터뷰가 예정되어 있었다. 게다가 중간중간 서점 방문 이벤트도 있었으니, 당연하게도 점심은 '퀵 런치' 어게인이었다.

Rai Radio는 생방송인 만큼 K는 물론 간 교수님 역시 긴장하지 않을 수 없었다. 진행자 로레다나 리페리니Loredana Lipperini는 유명한 저널리스트이자 작가로, 세련된 외모의 중년 여성이었다. 차분하고 분명한, 그리고 이탈리아어 특유의 경쾌하고 강한 악센트의 목소리로 『Il minimarket della signora Yeom』에 관한 질문을 이어나갔다. K는 스페인에서 단련되었는지 진행자가 질문할 때는 시선을 그쪽에 둔 뒤 통역이 진행되는 동안은 통역사에게 귀 기울이며 다음에 대답할 내용을 빠르게 고민한 뒤, 다시 진행자와 간 교수님을 번갈아 살피며 리드미컬하게 답변했다.

생방송을 마치고 스튜디오를 나오자 스태프들과 리카르도가 기립박수를 보내며 K와 간 교수님을 반겨주었다. 무리 없이 방송이 잘 나갔다는 뜻이리라.

이윽고 로마의 러시아워 퇴근 시간을 충분히 체험하며 호텔로 돌아온 우리는 그제야 방 안에 발을 들여놓고 캐리어 속 짐을 풀 수 있었다. 복층으로 된 방에는 역시나 초콜릿이 놓여 있었다. 하지만 여유를 만끽할 새도 없이 잽싸게 옷을 갈아 입고 저녁 식사를 위해 다시 로비로 향했다. 리카르도는 약속한 대로 제대로 된 로만 카르보나라를 대접하겠다며 우리를 판테온 근처의 현지 식당으로 안내했다.

전식으로 나온 아티초크 튀김은 이색적이기만 한 게 아니라 쌉싸래한 맛과 아삭한 식감으로 미식의 시작을 알렸다. 이어 본식인 로만 카르보나라를 영접했다. 부드럽고 눅진한 소스, 두툼한 파스타 위에 본때를 보여주겠다는 듯 트러플 슬라이스가 왕창 뿌려져 나왔다. 우리는 이것이 진정한 카르보나라라는 것을 즉각적으로 이해했다. 어제 바르셀로나 고딕지구에서의 점심처럼, 역시 현지인과 함께하는 현지 밥상이야말로 로컬의 즐거움을 만끽하게 해준다.

식사를 하며 리카르도는 편편님에 대한 출판사의 크나큰 기대와 그에 걸맞은 프로모션에 대해 자부심 넘치는 목소리로 설명해주었다. 우리 역시 바로 여섯 시간 전에 만났지만 『불편한 편의점』을 이탈리아 만방에 소개하려 애쓰는 살라니 마케팅팀에게 진한 동지애를 느끼게 되었다.

'슬로 디너'를 마친 뒤, 골목을 살짝 돌자 나타난 판테온은 여전히 넘쳐나는 관광객들을 거느린 채 달빛 아래 빛나고 있었다. 로마의 밤을 지켜주는 신전과도 같은 판테온이랄까, 몇 해 전 짧은 로마 여행 중 만난 빗속의 판테온과는 또 다른 느낌이자 울림이었다.

이로써 이탈리아 북 투어 1일 차가 종료되었다. K와 나는 숙소에 돌아오자마자 뻗었다. 아니, 뻗어야 했다. 왜냐하면 내일 아침 8시 30분, 로비에서 집결해 로마의 서울역인 테르미니 Roma Termini 역으로 가야 했기 때문이다. 역내 서점에 들렀다가 바로 밀라노행 기차를 탑승하는 일정이 우리를 기다리고 있었다.

테르미니 역 서점, 보리 북스의 위엄

다음 날 아침. 호텔 조식 코너. 그동안 내가 만난 호텔 조식 중 가장 다채롭고 화려한 음식 퍼레이드였다. 특히 생햄과 치즈의 규모가 뷔페 한 줄을 차지할 만큼 남달랐다. 하지만 이 역시 '퀵 조식'한 뒤 테르미니 역으로 향했다. 그곳에 자리한 지상 2층, 지하 1층 규모의 보리 북스 Borri Books에서 영상 인터뷰와 판매용 도서에 사인 작업을 해야 했다.

이탈리아 여행 때 몇 차례 들른 바 있는 테르미니 역이지만 그곳에 이렇게 큰 규모의 서점이 있다는 건 이번에야 알게 되었다. 이름도 친근한 보리 북스는, 보리 씨 가족이 2대째 경영하는 로마 대표 서점 중 하나였다.

게다가 나와 K를 놀라게 한 건 서점 중심부 대형 매대를 가득 채운 이탈리아 편편님의 위용이었다. 무려 100여 권이

4열 횡대로 중앙 매대를 채우고, 옆에는 원형으로 책탑을 쌓아 올린 광경을 보자니 턱이 빠질 정도로 놀라고 혀가 튀어나오지 않을 수 없었다.

"김 대표. 어서 찍어요. 나 여기서 살아도 될 거 같아."

K는 매대 앞이 마치 자신의 서재인 듯 옆에 가 서더니 어서 이 광경을 담으라고 외쳤다. 이에 나는 물론 서점원과 리카르도까지 사진을 찍으며 K에게 호응했다.

서점원과 악수를 나누고 그가 내놓은 100권의 책에 하나하나 정성껏 사인했다. 이 100권은 반품이 없어야 한다는 농담을 던지며 K는 신이 난 듯 사인을 해나갔.

태국과 대만의 베스트 매대 상위권에 자리한 편편님을 목격한 것도 큰 놀라움이었다. 스페인에서 만난 편편님 역시 서점의 한 구역을 차지하고 있어 보기 좋았다. 하지만 대형 서점의 중심부에 자리한 매대를 도배하듯 채운 이탈리아 편편님의 기세는…… 그야말로 압권이었다. 북 프로모터로서도 이 광경이 놀라운데 당사자인 K씨는 얼마나 떨리고 흥분될까? 한껏 상기된 얼굴로 부지런히 펜을 놀리는 그의 모습이 참 대견해 보였다.

판매용 사인본 제작을 마친 뒤 인터뷰 영상을 따고 나서야 우리는 한숨 돌릴 수 있었다.

하지만 보리 북스는 여기서 그치지 않았다.

서점원은 마치 서프라이즈라는 듯 커다란 수레에 6인용 식탁만 한 사각 케이크를 실어 끌고 왔다. 아무리 그래도 케이크 커팅 행사라니, 이건 좀 오버 아닌가? 근데 왜 케이크가 회색이지? 나는 잠시 의문을 품다가 번쩍하고 깨달아버렸다. 그리고 꽥! 소리를 질렀다. 그것은 사각의 점토판이었다.

"미리 얘기 안 해서 놀랐죠? 핸드 프린팅 시간입니다!"

리카르도의 말에 나와 K, 그리고 간 교수님 모두 놀라움의 놀라움의 놀라움으로 서로를 돌아보며 입 크기를 재고 또 재야 했다. 아니, 영화배우도 록 스타도 아닌 동양의 작가가 대체 왜 로마 한복판에서 핸드 프린팅을 한단 말이냐? 그런데 보리 북스 서점원의 진지한 표정을 보니, 이 핸드 프린팅은 자신들의 서점에 중요한 의식인 듯했다. 아니나 다를까, 보리 북스는 이렇게 해외 유명 작가들의 핸드 프린팅을 남겨 전시하는 데 자부심이 있다고 설명했다.

"이거 정말 민망한데…… 하긴 해야겠지?"

"최초의 한국 작가 핸드 프린팅 아닐까? 영광으로 알고 어서 하자!"

나는 쑥스러워하는 K의 소매를 착착 접어 올리며 영광 프레임을 씌워 독려했다. 그리고 서점원의 큐 사인에 맞춰 K는 도톰한 오른손을 펼쳐 인생 최초이자 마지막일지도 모를 핸드 프린팅을 실시했다. 철푸덕!

📍 대형 서점 보리 북스의 중심 매대를 도배하듯 채운 이탈리아어판 편편님.

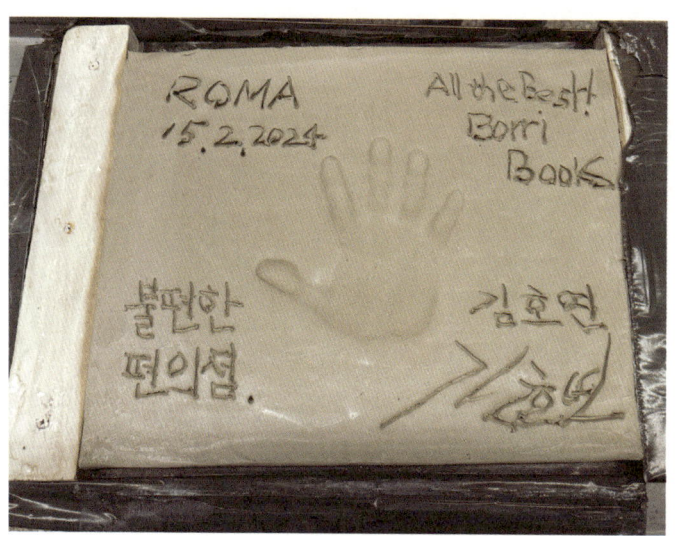

📍 보리 북스에서 실시한 K 인생 최초의 핸드 프린팅.

15. 로마의 퀵 런치, 밀라노의 인터뷰 무한 루프

밀라노에서의 인터뷰 지옥 열차

이탈리아의 KTX '이탈로'에서 꿀잠을 자고 도착한 밀라노 시내의 호텔.

여장을 풀고 퀵 런치 후 로비에 내려오자마자 멋진 수염과 베레모를 자랑하는 중년의 남성 기자가 우리를 맞이했다.

그렇게 시작된 인터뷰 릴레이는 지옥 열차처럼 멈출 줄 몰랐다. 심지어 현장에서 추가된 매체만 세 곳. 나는 인터뷰 하나가 끝날 때마다 K의 입술 주변을 닦고, 가글을 챙겨주었다.

로비에는 인터뷰를 기다리는 밀라노의 기자들이 차례로 도착했고, 그들의 멋진 스타일을 구경하는 것도 또 하나의 재미였다. 역시 패션의 도시, 밀라노. 모자, 신발, 안경, 소품까지 그들의 스타일은 마치 색의 팔레트를 펼쳐놓은 듯했다.

인터뷰는 다양하고, 다채롭고, 진지하면서도 유쾌했다. 특히 버라이어티 잡지와 패션 매거진 기자들. 그들의 질문과 태도는 역시 메이저 매체답다는 인상을 주었다. 그리고, 배니티 페어 Vanity Fair의 기자. 그는 패셔니스타를 방불케 하는 세련된 스타일을 자랑했다.

그에 반해 나는 전투복과 다름없는 단색 업무 복장. 절로 초라해지는 기분이었지만, 가슴팍에 크게 그려진 호랑이 한 마리를 보며 스스로 에너지를 충전했다.

'지금은 멋 부릴 때가 아니지!' 그렇게 마음을 다잡으며 인터뷰 보좌에 더욱 집중했다.

사실, 인터뷰에서 가장 힘든 것은 횟수의 많고 적음이 아니라 다른 부분에 있었다. 초반에 만난 기자들은 "어떻게 노숙자를 자신의 상점에 들일 수 있느냐? 당신이라면 그렇게 할 수 있겠느냐?"라며 집요할 정도로 반문했고, 이를 설명하는 데 많은 시간을 할애해야 했다. 어떤 매체는 "그렇다면 이 작품을 판타지로 분류해도 되는가? '염 여사'는 천사의 환생인가?"라고까지 물었다.

이쯤 되니 통역을 맡은 간세희 교수님도 힘들어하기 시작했다. 우리는 리카르도와 함께 잠시 머리를 맞대고 회의를 했다.

"혹시 이탈리아에서 노숙자는 어떤 의미인가요?"

"절대로 마주할 수 없는, 폭력적인 존재입니다. 마치 바이러스처럼 피해야만 하는 존재죠."

"한국에서는 노숙자를 난폭하기보다는 안타까운 존재로 바라보는 시선이 많아요. 실제로 노숙자가 누군가를 돕기도 하고, 반대로 노숙자를 돕는 경우도 있죠."

"우리는 노숙자를 자신의 공간에 들인다는 상상 자체를 할 수 없습니다. 가족이라도 인정하지 않으면 내 공간에 들어올 수조차 없습니다. 우리는 쉽게 타인을 믿지 않아요."

그야말로 충격이었다. 그러니 본인이 납득할 만한, 만족스러운 답을 얻지 못한 기자는 추궁하듯 되물을 수밖에! 이후 K와 간 교수님은 유사한 질문이 나올 때마다 한국에서 노숙자를 바라보는 시각부터 설명하며 차분히 대답해 나아갔다.

흥미로운 질문도 있었다. 한국에서 온 작가와의 대면 인터뷰가 드물다 보니, 대북 관계나 정치 현황, 아시아 정세를 묻는 기자들도 있었다.

안타까운 순간도 있었다. K-웨이브가 확산되고는 있지만 한국과 중국, 일본의 문화를 헷갈리거나 역사적 흐름을 잘못 아는 기자들도 있었다. 그러한 오해를 바로잡아가며 인터뷰를 진행하다 보니, 더욱 분발해야겠다는 생각이 절로 들었다.

대면 인터뷰와 전화 인터뷰 도합 23건을 마치고 녹초가 됐건만 북 인플루언서들과의 만남이 또 기다리고 있었다. 다행히 그들과의 대담은 티타임 형태로 한결 편안하게 진행되었다. 살라니 출판사에서 모집한 북 인플루언서이자 K-컬처 팬들인 10여 명의 이탈리아 여성은, 『불편한 편의점』 이탈리아어판에 대한 관심뿐 아니라 작가에 대한 호기심도 보였고, 한국 문화에 대한 온갖 질문들로 즐거운 수다를 나누었다. 참석자 대부분이 한국어 기초 표현을 할 줄 알았고 두어 명은 주재원급 한국어를 구사해 K와 직접 대화를 이어나가기도 했다.

단체 사진을 마지막으로 오늘의 긴 일정이 마무리되나 했지만 아직 하이라이트가 남아 있었으니, 바로 우리를 여기까지 초대해준 살라니 출판사의 실세 마리아그라치아 Mariagrazia 여사와의 디너였다.

우리는 끝판왕을 만난다는 심정으로 식당으로 향했다.

밀라네제 리소토와 오소부코, 그리고 신분을 숨긴 마법사

리카르도의 안내를 받아 도착한 시내의 정통 밀라네제 레스토랑. 척 봐도 100년은 족히 넘었을 듯한 노포이자 맛집의 기운이 물씬 풍겼다.

예약 테이블에 앉은 나는 '작전 개시'라는 심정으로 한국에서 준비해 온 2단 한과세트의 보자기를 풀고 내용물을 공개했다. 순간, 리카르도와 출판사 관계자들의 감탄이 쏟아져 나왔다. 그러나 "먼저 맛보시겠어요?"라 묻는 내 말에 그들은 황급히 손사래를 쳤다.

"마리아그라치아가 직접 오픈하는 게 맞아요."

역시, 마리아그라치아는 끝판왕이었다!

그때 식당 문이 열리고 그녀가 들어왔다. 모두가 자리에서 일어섰다. 찰랑이는 백금발 단발, 카리스마 넘치는 존재감. 예리한 통찰력이 깃든 듯한 눈빛. 베테랑 편집자 마리아그라치아는 K와 자연스럽게 볼 뽀뽀를 나눴다.

소개를 모두 마친 뒤, 전식으로 나온 생햄과 함께 스파클링 와인으로 건배했다. K는 세상에서 가장 무서워하는 음식인 돼지비계로 만든 생햄, 라르도Lardo를 한입 베어 물더니 "이게 이렇게 맛있을 수가 있나?"라며 감탄했다. 그러고는 그동안 매번 나에게 양보했던 걸 후회하기도 했다.

이윽고 등장한 밀라네제 리소토Risotto alla Milanese와 오소부코Osso Buco. 이건 천상의 음식이었다. 작년 밀라노에 들렀을 때 오소부코와 리소토도 먹어보았는데, 이곳이야말로 찐찐찐찐찐이었다. 푹 삶아 포슬포슬 녹아내리는 송아지 정강이찜 오소부코를 착착 발라 먹으며 골수까지 빠짐없이 흡입하는 나를 보던 살라니 관계자의 눈빛에는 '너 좀 먹을 줄 아는구나?'라는 흐뭇함이 감돌았다.

반면에, 감자탕이나 도가니탕을 마주하는 것도 부담스러워하는 K. 그는 오소부코의 육수로 만든 리소토 밀라네제를 먹으며, 부들부들 흩날리는 쌀알과 휘감아치는 치즈의 풍미에 감탄하더니 와인을 연거푸 들이마셨다. 나는 고급 기술인 복화술을 선보였다.

"그믄 므스(=그만 마셔)."

마리아그라치아 여사는 내가 건넨 한과세트를 풀어보며 감탄을 연발했다. 특히 귤을 건조한 정과를 보더니 "뷰티풀!"을 연발했다.

그녀는 1985년부터 출판 편집자로 일하기 시작했고, 90년대 초부터 살라니 출판사에서 일했다. 현재는 살라니 최고참 편집자 중 한 명으로, 수많은 명작을 편집해온 베테랑이었다.

그녀의 대표 편집작 중 하나가 바로 『해리 포터』 시리즈의 이탈리아어판이라는 걸 알게 된 내 눈은 즉시 하트 모양이 되었다. '영어 실력은 한참 부족해도 업무 추진력은 확실하다'며 나의 역할을 꿰뚫어 본 그녀 역시, 앞으로 더욱 가깝게 지내자며 애칭으로 부르기 시작했다.

오늘의 만남을 통해, 살라니가 피렌체에서 시작된 가장 오랜 역사를 자랑하는 출판사이자, 특히 아동서 분야에서 이탈리아 최고의 출판사라는 사실도 새롭게 알게 되었다. 그리고 그런 출판사가 선택한 첫 한국 책이자 첫 한국 소설이 『불편한 편의점』이라는 것에 새살이 돋듯 감동이 차올랐다.

"내가 『불편한 편의점』을 선택했어요. K-컬처가 세계적으로 인기를 얻는 걸 보며, K-노벨 역시 이탈리아에 소개할 필요가 있다고 느꼈어요. 그래서 조사한 끝에 『불편한 편의점』이 가장 적격이라고 판단했고, 이탈리아어판과 스페인어판을 동시에 준비한 겁니다."

마리아그라치아 여사는 덧붙여 말했다.

"이탈리아어판은 이미 작년 10월에 출간 준비를 마쳤어요. 그런데 스페인어판 번역을 기다리느라 결국 올 2월에 론칭하게 됐죠. 작가를 그 시기에 맞춰 초대하기로 한 것도, 모두 나의 계획이자 결정이었습니다."

예, 암요, 믿습니다! 이후로도 마리아그라치아 여사는 K와 나란히 앉아 영어로 대화를 나누며, 어느새 수다 삼매경에 빠져들었다.

엄청난 미식과 정겨운 저녁 식사가 끝난 뒤, 우리는 레스토랑 앞에서 단체 사진을 찍었다. 그리고 마리아그라치아 여사는 타고 온 자전거 짐칸에 한과세트를 단단히 묶은 뒤, 유유히 밀라노 골목 속으로 사라졌다.

마치 신분을 숨긴 마법사처럼.

사실 그녀는 우리에게 마법사와 다를 바 없었다.

호텔에 돌아온 K는 마리아그라치아가 자신에게 건넨 말을 전해주었다.

"내가 당신을 이탈리아에서 가장 유명한 한국인으로 만들고자 합니다. 당신의 책은 그럴 힘이 있고, 당신이 이렇게 이탈리아까지 와서 함께 책을 열심히 알려줬으니 이제, 같이 더 큰 목표를 향해 나아가 봅시다."

그 이야기를 전하는 K의 눈시울이 붉어졌다.

출판 시장에서 작가는 출판사와 편집자의 지원 없이 살아남을 수 없다는 걸 누구보다 잘 알기에, 이탈리아 대표 출판사의 베테랑 편집장에게 받은 크나큰 인정과 전폭적인 지원이 그를 밀라노의 밤에 눈물짓게 만들었다.

그리고 그녀의 결정이 없었다면, 이번 북 투어 원정에 나까지 합류할 수 있었을까?

마리아그라치아 여사님, 부디 옥체를 보존하시고 강녕하시옵소서!

이탈리아—염 여사의 미니 마켓

다음 날 역시 '퀵 조식'을 마치고 어제 인사를 나눈 마케팅 팀의 일라리아Ilaria와 발레리아Valeria를 호텔 로비에서 만났다. 오전에는 포토그래퍼 두 분이 방문해 각각 사진 촬영을 진행했다. 그런데 이분들…… 오바마 전 대통령, 앤디 워홀 등 전 세계 저명인사의 프로필과 보도사진을 촬영했던 대작가들이었다. 참 별의별 경험을 다 해본다. 물론 긍정의 의미다.

이어 다수의 매체와 인터뷰를 마친 뒤, 밀라노 대성당 광장 앞에 위치한 대형 서점 몬다도리 두오모Mondadori Duomo로 향했다. 대성당을 바라보는 쇼윈도에 편편님이 도배되어 있다니……! 크읏, 매일같이 이곳에서 감동의 세례를 받을 편편님이 부러웠다. K는 얼떨떨한 표정을 지우지 못한 채 사인회를 마쳤다.

이번에는 맞은편으로 이동했다. 전 세계 관광객이 가장 많이 모여드는 명품 아케이드, 갤러리아 비토리오 에마누엘레

2세Galleria Vittorio Emanuele II로 진입했다. 그곳엔 구찌, 프라다, 루이비통도 있지만, 리쫄리 갤러리아Rizzoli Galleria 서점도 있다.

블랙 앤 골드 컬러로 휘황찬란하게 빛나는 쇼윈도에 전시된 『Il minimarket della signora Yeom』을 보자니, 고급짐이 넘쳐흘렀다. 번쩍번쩍 블링블링한 분위기 속에서 사인회를 겨우 마치고 호텔로 돌아왔다.

오전에 취소된 인터뷰와 새롭게 추가된 인터뷰가 잡혀, 두 매체 연합 동시 인터뷰를 마지막으로 이탈리아 북 투어 강행군이 마무리되었다. 통역 강행군을 함께해준 간 교수님은 이제 하얗게 질린 얼굴이었다. 그녀와 뜨겁게 작별 인사를 나누며 한국에서 챙겨 온 사발면을 모조리 전달해드린 뒤, 밀라노 말펜사 공항으로 향했다.

이탈리아에서의 2박 3일. 콜로세움도, 바티칸 뮤지엄도, 피렌체 두오모도, 〈최후의 만찬〉도 볼 수 없었다.

하나도 아쉽지 않았다.

밀라노 대성당을 배경으로 『Il minimarket della signora Yeom』을 들고 환하게 웃는 K의 미소가 남았다. 테르미니 역 2층 보리 북스에는 K의 핸드 프린팅이 남았다. 그리고 "김호연을 이탈리아 독자들에게 널리 알리겠다!"며 총력을 기울여준 살라니 출판사의 든든한 동지들이 생겼다.

무엇보다, 이 모든 것을 기획하고 우리를 따뜻하게 맞아준 마리아그라치아 여사의 신뢰. 그것이야말로 가장 큰 기쁨이자 감동이었다.

그래, 이게 진짜 북 투어지! 하지만, 다음번에는 조금 덜 퀵하게 이탈리아를 만끽할 수 있기를 바라며, 우리는 인천행 비행기에 올랐다.

***

마리아그라치아 여사는 역시 진짜였다. 우리가 귀국한 지 얼마 지나지 않아, 그녀는 왓츠앱 메신저를 통해 K의 새 책을 출간하고 싶다는 뜻을 전해왔다.

"『불편한 편의점 2』를 말하는 건가요?"라고 묻자 그녀는 "속편도 당연히 진행하지만, 그 전에 새로운 책이 나와야 작가의 인지도를 유지할 수 있지요"라며 단도직입적으로 K의 기존 작품 중 한 편을 추천해달라고 했다. 나의 추천작을 출간하겠다는, 파격적인 제안이었다.

그리하여 K와의 압박회의 끝에 두 번째 소설 『연적』을 그녀에게 제안했다. 그리고 2025년 1월 말, 『A Jeju Nasce il Vento(제주에서 시작된 바람)』라는 제목으로 이탈리아어판 『연적』이 출간되었다.

마리아그라치아는 마법사가 아니었다. 그녀는 천사였다. 요즘도 그녀는 종종 내게 메시지를 보내온다.
'마이 러브', '마이 달링'이라고 운을 떼며.

인터뷰 4

마리아그라치아 마치텔리
Mariagrazia Mazzitelli

이탈리아 살라니 에디토레 편집총괄

  살라니 에디토레는 1862년 설립된, 역사와 전통을 자랑하는 이탈리아의 대표적인 출판사 중 하나입니다. 현재 밀라노에 위치하며 아동서 분야에서 훌륭한 작품을 많이 낸 곳으로 알려져 있습니다. 『해리 포터』, 『찰리와 초콜릿 공장』, 『황금나침반』 시리즈 이탈리아어판을 출간한 것으로도 유명합니다.
  마리아그라치아 씨는 1985년부터 출판 편집자 경력을 시작해 1990년 무렵 살라니에 입사했고 현재 편집총괄국장을 맡고 있습니다.

Q1. 『불편한 편의점』은 살라니 출판사에서 출간된 최초의 한국 도서라고 전해 들었습니다. 그동안 한국 도서를 출간하지 않던 곳에서 어떻게 이 책을 선택하게 되었는지 궁금합니다.

수년 전부터 한국 문화는 저 개인은 물론 많은 이탈리아 사람들에게 존경과 동경의 대상이자 기준점이 되어왔습니다. 한국은 역사적으로도 그렇고 최근 몇 년간을 놓고 봐도 일본이나 중국과는 확연히 다른, 매우 강력한 고유문화를 발전시킨 정말 놀라운 나라입니다. 한국만의 고유한 특징이 있고, 인간성뿐만 아니라 문화 전반에 친근함이 배어 있어 이것이 한국과 이탈리아를 강하게 연결하는 힘이 된다고 생각합니다.

Q2. 『불편한 편의점』을 처음 읽었을 때의 감상이 궁금합니다. 특히 어떤 지점이 이탈리아 독자들과 교감할 수 있다고 느끼셨는지요?

텍스트의 품질, 플롯의 완벽함, 사회적 약자에 대한 섬세한 시선, 그리고 이탈리아인들이 일본이나 일본 서적에 비해 상대적으로 잘 알지 못하는 한국이라는 새로운 세계를 완벽하게 묘사한 점이 인상 깊었습니다. 이 소설은 아름다운 메시지를 남기고, 독자들에게 위안을 주며, 인간 존재의 보편적이고 강력한 가치들을 이야기하는 완벽한 소설이라고 생각합니다.

Q3. 당신은 『해리 포터』를 비롯한 조앤 롤링의 많은 작품을 이탈리아에 소개했습니다. 한국에서도 『해리 포터』는 레전드 작품으로 손꼽힙니다. 그럼, 웃음과 기대를 담아 질문을 해봅니다. 『불편한 편의점』도 신비한 마법학교 이야기처럼 세계의 독자들에게 다가갈 수 있을까요? 만약 그렇다면 어떤 점 때문일까요?

저는 『해리 포터』 이탈리아어판 첫 번째 책을 출간할 때부터 참여했습니다. 『해리 포터』는 전 세계 도서 역사상 유일무이한 경험이었고, 지금도 그렇습니다. 어린이 세계에서 시작해 성인 세계까지 아우른 이 시리즈는 독자층을 확장시키는 데 큰 역할을 했습니다.

저는 『불편한 편의점』에도 비슷한 미래가 찾아오길 진심으로 바랍니다. 또한 김호연 작가님에게는 아이와 어른 모두를 위한 크로스오버 이야기를 써주시기를 제안하고 싶습니다. 작가님의 뛰어난 문장력과 창의력이라면 정말 아름다운 작품이 탄생할 것이라고 확신합니다.

Q4. 김호연 작가의 두 번째 장편소설 『연적』이 이탈리아에서 『A Jeju Nasce il Vento제주에서 시작된 바람』라는 제목으로 2025년 1월 출간되었습니다. 이 결정은 작가에게도 고무적인 일이고, 또 한국 문학계로서도 주목할 만한 현상입니다. 김호연 작가의 작품을 이탈리아에 계속 소개하기로 결정한 이유가 궁금합니다.

저희는 김호연 작가를 매우 사랑합니다. 그래서 두 번째 소설을 출간하는 데 전혀 망설임이 없었고, 곧 세 번째 작품도 출간할 예정입니다!

Q5. 살라니는 이탈리아에서 가장 오래된 출판사 중 하나입니다. 1862년 문을 열어 2차 세계대전과 대홍수 속에서도 책의 원판과 원화들을 보존했고, 후세에 전하기 위한 기록관도 운영한다고 들었습니다. 살라니에서 일한다는 것은, 계속해서 종이책을 만든다는 것은 당신에게 어떤 의미를 가지나요?

살라니에서 일하는 것은 저에게 삶의 의미였고, 지금도 그렇습니다. 이 일은 저에게 큰 행운이자, 시민적 책무를 다할 수 있는 기회라고 생각합니다. 저는 책을 고르고, 팀과 함께 일하는 것을 정말 사랑합니다. 출판업계에서 가장 중요한 것은 팀워크, 즉 함께 일하는 팀입니다. 저는 모두가 협력하여 작가를 위해 봉사할 때 진정한 창의성이 나온다고 믿습니다. 그리고 이러한 태도야말로 살라니 출판사의 역사와 DNA에 깃든 밝고 높은 정신을 유지하는 방법이라고 생각합니다.

특히 아동서 분야에서 살라니는 세계 최고의 출판 목록을 갖추었다고 자부합니다. 저는 책을 통해 어린이의 인생에 뿌려진 작은 씨앗 하나가, 그 아이 인생의 방향을 결정지을 수도 있다는 사실을 늘 생각하며 일합니다.

16.
오랜 책 친구, BOOK BY BOOK

"속 얘기를 나눌 누군가가 바로 친구인 거지. 학생도 친구 있지?"

―『불편한 편의점 2』, 134쪽

글을 쓰는 작가에게 가장 필수적인 공간은 어디일까?

대부분 집필을 위한 작업실이 가장 우선순위라고 생각하겠지만, 북 프로모터인 나의 시각에서는 책방이야말로 작가들에게 최우선이자 최전선의 공간이다. 작가가 쓴 글을, 출판사가 만든 책을 독자들과 나누고 팔아주는 곳이 아닌가. 한편, 책방의 입장에서도 작가가 쓴 글과 책이 있어야만 팔 수 있고 생존할 수 있다. 결국 책방(서점)과 작가는 필연적인 운명 공동체이자 경제 공동체인 셈이다.

언젠가부터 우리 주변에서 책방이 하나둘 사라졌다. 2000년대 초반부터 그나마 남아 있던 학교 앞 서점들마저 문을 닫기 시작했다. 동네나 거점 지역의 이름을 단 ○○문고들도 줄줄이 사라졌다. 대신, 그 모든 소구를 온라인이 대체하기 시작했다. 웹툰과 웹소설이 본격적으로 시대의 흐름을 주도했고, 플랫폼 사업자가 콘텐츠 소비의 중심이 되었다. 본격적으로 종이책이 팔리지 않는 시대가 도래한 것이다.

음반도 마찬가지였다. 대부분 서점 옆에 자리 잡았던 ○○음반사, ○○레코드는 서점보다도 먼저 사양산업이 되어 폐업의 길을 달렸다. 2010년대에 들어서자 한국에서는 교보문고와 영풍문고 같은 대형 서점 체인이 아니라면 손에 잡히는 책도, 음반도 살 수 없는 지경이 되어버렸다. 온라인 서점의 당일 배송이라는 파격적인 서비스는 압도적인 편리함을 선사했지만, 그만큼 동네 책방은 하루하루 무너져 내렸다.

그렇게 책방의 정취와 가치를 잊어가던 2014년 초, 약속이 있어 상암동을 걷다가 주인이 미친 게 아닐까 싶은, 독특한 콘셉트의 신규 서점을 발견했다. 바로 '북바이북BOOK BY BOOK'이었다. 당시 그 서점이 위치한 지역에는 중소 규모의 영화사, 드라마 제작사, 술집들이 오밀조밀 모여 있을 뿐이었다. 학교나 학원은 아예 없었다. CJ ENM과 누리꿈스퀘어를 제외하면 방송국들의 상암동 시대 개막 전이라 유동 인구도 많지 않았다. 그런데 같은 해 여름, 북바이북은 돌연 옆 골목

건물을 임대해 지하와 지상을 아우르는 더 큰 규모의 2호점을 또 열었다.

'이제 정리하겠구나' 싶었던 작은 규모의 1호점은 소설 전문점으로, 새로 개점한 2호점은 에세이·인문학 중심의 본점으로 나누어 운영을 시작했다. 심지어 '퇴근길 맥주와 책'이라는 콘셉트로 '술 먹는 책방', '심야 책방'을 본격적으로 표방하는 패기까지 선보였다. 그러니 사장이 미쳤다고 생각될 수밖에!

상암동·디지털미디어시티의 콘텐츠 상권을 본격적으로 분석했다는 점. '책맥'을 한국에서 최초로 주창한 점. 사라져가는 책방 업계에 과감히 뛰어든 점. 그것만으로도 이미 대단하건만, 한동네에 두 개의 책방을 오픈하는 용감함을 갖춘 그들에게 부러움마저 느꼈다.

어둑한 퇴근길, 밥집과 술집들 사이, 홀로 오도카니 불 켜진 책방. 정면 유리창을 차지한 책장이 무척이나 이색적이었다. 네모반듯 빼곡히 전시된 책장이 아니라, 마름모꼴로 어슷하게 짜인 책장에 책 표지가 거리에서 보이도록 배치해두었다. 우두커니 서서 책의 방향에 따라 고개를 갸웃하고 있으니 책방 안에서 근사한 인디 뮤지션의 음악도 흘러나왔다. '이것 참 안 들어갈 수 없군!' 처음 북바이북 1호점에 발을 들였을 때가 생각난다.

창업 초기부터 지금까지 북바이북의 시그니처는 단연 '책꼬리'다. 당시엔 무척 독특한 아이템이자 프로모션이었다. 책 한 페이지를 세로로 반 접은 크기의 하얀 백지, 그 위에 책방 주인장들과 손님들이 책을 읽은 후기, 서평, 추천의 말 또는 그림을 남긴 것이 북바이북의 책꼬리다. 그리고 결정적으로, K의 『망원동 브라더스』가 진열되어 있었다.

뭐 눈에는 뭐만 보인다고, 우리는 책방에 들어가면 누가 먼저랄 것도 없이 본능적으로 K의 책이 있나 없나부터 빠르게 스캔한다. 당시 하나둘 생겨나던 독립 서점들에서는 대중소설보다는 문학성을 추구하는 작품이나 문학상 수상작들을 주로 큐레이션했기에 좀처럼 K의 책을 발견할 수 없었다. 그런데 뜻밖에도 북바이북에 『망원동 브라더스』가 떡하니 놓여 있는 것이 아닌가! "여기, 위험하다. 보통 일이 아니네." 공동 운영자인 자매 진양·진아 씨의 큐레이션에 감사하며 우리는 손뼉을 칠 수밖에 없었다. 게다가 『망원동 브라더스』 책장 사이에 꽂힌, 누군가의 추천평으로 빼곡한 책꼬리를 발견하고야 말았다. 감동과 벅참에 지배당한 K는 웃는 눈에 일그러진 입매라는 정말 위험한 표정을 짓고 있었다.

2015년 K의 두 번째 소설 『연적』이 출간된 후 어느 날, 북바이북에서 작가와의 만남을 제안해왔다. 이미 동경하던 서점이었기에 우리는 흔쾌히 응한 뒤 작가와의 만남을 진행했다. 그리고 그들은 세 번째 소설 『고스트라이터즈』를 출간했을 때도 어김없이 북 토크를 제안해주었다. 당시 K는 무명작가나 다름없었기에 그런 그에게, 자기 작품을 꾸준히 인정해주는 동네 책방이 존재한다는 사실은 커다란 위안이 되었다.

'김호연'이라는 작가를 만나기 위해 기꺼이 입장료를 내고 늦은 저녁 퇴근 후 북바이북을 찾아주었던 초기의 독자들. 비록 많은 숫자는 아니었으나 그들과의 만남 역시 각별할 수밖에 없었다. 책방에서 지급하는 적지만 정직한 출연료를 손에 쥐며 글을 계속 써나갈 강렬한 의지도 얻었다. 그야말로 고마운 서점이었다. 그래서일까, 우리는 『불편한 편의점』이 세상에 나온 2021년 4월부터 북바이북의 연락을 내내 기다렸다. 불러만 준다면 최우선으로 모신다는 각오로.

그동안 북바이북은 승승장구했다. 광화문에도 새로운 매장을 열어 더 감각적이고 공격적인 운영을 펼쳤다. 단순히 '읽는 것'이 아니라, 책과 작가를 콘텐츠로써 독자에게 어필할 수 있도록 했다. 글 쓰는 작가뿐만 아니라 그림 작가, 뮤지션, 다양한 방면의 예술가들이 책과 함께 공존할 프로그램도 기획했다. 나 또한 상암 본점에서 일러스트레이터 오영은 작가의 드로잉 수업에 참여한 적도 있었다. 그런 북바이북이었건만 좀처럼 연락이 오지 않기에 바빠진 사정을 이해하기로 하고 북 토크의 기대를 접게 되었다.

서점 운영자 김진양 씨에게서 메일을 받은 건 『불편한 편의점』 출간 후 3년 만이었다.

K와 나는 여전히 상암동 북바이북에서의 모든 기억을 간직하고 있었지만, 그녀의 메일에는 '혹시나 잊으셨을지도 모르겠네요……'라는 뉘앙스의 염려가 담겨 있었다. 나는 답 메일을 쓰는 대신 곧바로 진양 씨에게 전화를 걸었다.

"진양 대표님, 안녕하세요. 김호연 작가 사무실입니다."

"예, 예! 안녕하세요."

"그동안 잘 지내셨어요, 진양 씨? 저 김 작가 아내예요. 우리 몇 년 동안 북바이북 섭외 연락만 기다렸어요. 메일 주셔서 너무 고마워요."

"우왓, 사모님 오랜만이에요! 저…… 저희의 연락을 기다리셨다고요?"

"그럼요. 무명 시절에 북 토크 열어준 유일한 서점인걸요. 연락 오기만 하면 보은의 본때를 보여드리자고 벼르고 있었습니다."

"보……본때……, 저 잠깐 울고 와도 될까요? 흐흐흑……."

우리는 재잘재잘 이야기꽃을 피웠다. 오랜만에 안부를 묻는 친구처럼, 길고 긴 통화를 했다. 전화를 끊고 나니 폰이 뜨겁게 달궈져 있었다. 지금은 신작 소설 『나의 돈키호테』의 마지막 탈고를 하느라 외부 일정을 진행할 수 없는 상황. 하지만 책 출간 직후 첫 독자와의 만남을 북바이북에서 개최하기로 약속했다.

5월 16일 저녁 일곱 시. 고양시 삼송동의 북바이북을 찾았다. 그사이 우리에게도 많은 변화가 있었듯 북바이북도 서울살이를 일단락 짓고 고양시로 보금자리를 옮겼다. 상암에서의 첫 시작이 그러하였듯 대형 쇼핑몰들과 주상복합 단지에서 한 발짝 떨어진, 옛 구옥들과 개성 넘치는 상점들이 오밀조밀 모인 거리에서 북바이북의 간판을 발견할 수 있었다.

7년 만에 만난 우리는 동호회 친구들처럼 반가운 인사를 나눴다. 시그니처 레몬 맥주 '끌라라'를 바로 한 잔 말아주는 진양 씨의 인심은 오늘도 빛났다. 이제 술을 잘 마시지 못하는 나에겐 딸기 과육이 듬뿍 들어간 딸기우유를 한 병 내어주었다.

책방 안에 오붓하게 모인 독자들과 인사를 나눴다. 편편님의 행보도 궁금하지만 신작 소설 『나의 돈키호테』의 첫 비하인드를 나눈다는 기대감에 K도, 나도, 독자들도, 운영자 진양 씨도 모두 들떴다. 다양한 동네의, 다양한 직업군, 다양한 연령대의 사람들이 한자리에 모였다. K의 작품을 읽지 않았더라도 작가의 삶 그 자체가 궁금한 사람, 프로 작가로 한 발짝 더 나아가고자 하는 사람, 장차 작가가 되고 싶어 하는 학생도 보호자와 함께 이곳을 찾았다.

도서관에서 진행되는 작가와의 만남은 50명부터 많게는 몇백 명 단위로 모이기에 집중도를 갖춘 환경과 분위기를 조성할 수 있다는 장점이 있다. 하지만 작가와 함께 한 공간 안에서 호흡한다는 친밀감만큼은 동네 책방이 단연코 으뜸이다.

작가와 독자 한 사람 한 사람이 눈빛을 나눌 수 있다. 독자 한 명의 질문이 곧 모두의 질문으로 이어지기도 한다. 작은 헛기침이 큰 웃음으로 번지기도 하고, 텁텁한 공기가 순식간에 정화되기도 한다. 책이라는 물체가 가진 따스한 속성, 그 기분 좋은 냄새와 생명력이 만들어내는 '환상의 피톤치드 현상'이 아닐까 나는 늘 생각한다.

북바이북 행사를 지켜보며 뒤에 앉아 한 가지 아이템을 구상했다. K의 신작 소설 『나의 돈키호테』에 등장하는 '라만차 클럽'을 동네 책방과 함께 하는 기획이었다.

지난 늘북과의 만남 이후, 규모가 작은 동네 책방과 북클럽일수록 작가와의 만남을 진행하기가 정말 어렵다는 것을 인지하고 어떻게든 기여할 수 있는 방안을 찾고자 했다.

국공립 기관, 서점 조합 지원사업에 선정되면 초청 작가에게 출연료를 지급할 수 있지만, 그렇지 않은 서점이 더 많다.

📍 다시 찾은 동네 책방 북바이북과 『나의 돈키호테』 책꼬리.

때문에 동네 책방은 관객에게 최소한의 입장료를 받는 유료 행사로 진행되는 추세다. 조금이라도 발생한 수익을 작가에게 출연료로 돌려주고자 하는 책방지기들의 노력에 다름 아니다.

일부 서점은 영리를 목적으로 입장료를 받기도 한다. 출판사에서 프로모션 비용을 받아 작가 초청 행사를 진행하는 곳도 있다. 어떤 것이 더 낫다 단정 지을 수는 없다. 다들 나름의 사정이 있으니까. 아무튼 북바이북에서의 북 토크 시간 동안 나는 '라만차 클럽'의 개요를 아래와 같이 정리했다.

> 출연료는 받지 않는다. 지방의 경우 숙박과 교통도 워터폴스토리에서 자부담한다. 책방에서는 관객 '아미고스'를 모집한다. 책방 주인장이 1일 '진솔'이 되어 북 토크 사회자로 나서고, K는 1일 '돈 아저씨'가 되어 관객들과 대화를 나눈다. 관객들은 '라만차 클럽'의 대원이 되어 『나의 돈키호테』를 함께 읽고 각자 한 개씩 질문을 만든다. 아미고스에게 입장료는 받지 않는다.

북바이북 만남 이후 K와 출판사 나무옆의자의 협조로 라만차 클럽 회동은 1기와 2기로 나누어 각 2회씩 네 번 진행되었다. K의 공식 팬페이지˚를 통해 공지를 냈고, 지원한 전국의 동네 책방과 북클럽 중 남해 남해산책, 제주 귤다방, 광주 마음정원산책, 일산 마두북클럽이 선정되었다. K와 나는 기쁜 마음으로 그곳들을 방문했고 대형 북 토크와는 완전히 다른 소소하고 친밀한 만남을 경험할 수 있었다. 100여 명의 라만차 클럽 대원이 탄생한 것도 보람이었다.

우리가 북바이북에서 받은 기회를 나누고 싶었다. 한 무명 작가의 책을 진열해 미래의 독자들에게 적극적으로 소개해 준 것, 두 번이나 북 토크를 제안해 성황리에 마칠 수 있게 해 준 것. 그 모든 순간들이 작가와 독자, 서점과 책을 연결하는 단단한 끈이 되었고 라만차 클럽을 탄생시킨 결정적 계기가 되었다.

책이 있어야 작가가 있고, 작가가 있어야 서점이 있으며, 서점이 있어야 독자들이 그 책을 만날 수 있다. 책을 사랑하는 사람들이 서로를 필요로 한다는 이 단순한 진리. 그런 교감과 흐름 속에서 결국 라만차 클럽을 만들고 실행할 수 있었다.

그렇게 우리는 북바이북과 같은 동네 책방이 우리에게 얼마나 소중한 친구인지 다시 한번 마음에 새겼다.

● 김호연 작가 공식 팬페이지: 인스타그램 @mangwonbrothers.

17.
오폴레에서 날아온 초대장

-Mówią że maseczki niewygodne, że to i tamto, żebędą robić, co chcą.
Ale świat już taki jest. Życie pełne jest poświęceń.
"마스크가 불편하다 코로나에 이거저거 다 불편하다
나 하고 싶은 대로 할 거야 떠들잖아.
근데 세상이 원래 그래. 사는 건 불편한 거야."

―『불편한 편의점』, 264쪽

폴란드, 즈낙, 오폴레

오폴레Opole를 아시나요?

이 작고 아름다운 도시는 폴란드 남부에 자리한, 우리나라로 치면 전라남도 담양 정도 위치라고 할 수 있다. 바로 이곳, 오폴레에서는 2016년부터 매년 도서전Festiwal Książki Opole을 개최하는데, 제8회 오폴레 도서전에서 덜컥, K를 초청했다.

폴란드의 수도 바르샤바에서 열리는 국제도서전에 비해 규모는 작지만, 지역사회와 현지 독자들 사이에서 의미 있는 문학 축제로 자리매김한 오폴레 도서전이다. 게다가 해외 도서전 최초로 K를 초청했기에 우리는 KL매니지먼트부터 소식을 접한 뒤 어깨춤을 추게 되었다.

『Nietuzinkowy sklep całodobowy』*는 『불편한 편의점』의 폴란드어 제목으로, 2024년 3월 출간되었다. 폴란드어로 '특별한', '평범하지 않은'이라는 뜻을 가진 'Nietuzinkowy'와, '24시간 상점' 즉 '편의점'을 뜻하는 'sklep całodobowy'를 조합해 원제에 가까운 제목이 탄생했다. 출판계약을 체결하며 우리는 아직 한 번도 가보지 못한 폴란드에 언젠가 방문하게 되길 기대했다. 오폴레 도서전의 초대장은 마치 그 응답을 받은 것 같은 기분이었다.

한편, 폴란드 역시 한국의 벚꽃 에디션 원화를 표지로 사용했다. 3월 말이 되자 바르샤바, 크라쿠프 등 폴란드 여러 도시에서 벚꽃을 배경으로 한 편편님의 인증 사진이 SNS에 속속 업로드되었다. 유럽에서 벚꽃 에디션이 그대로 출간된 것은 폴란드가 최초였기에 기대감이 있었는데, 개화 시기와 출간 시기가 절묘하게 맞아떨어져 그 효과가 만점인 듯했다.

대한민국과 폴란드는 여러모로 공통점이 많은 나라다. 지리적으로 강대국 사이에 위치해 침략을 많이 받은 것은 물론

- 『Nietuzinkowy sklep całodobowy』: 2024년 3월 즈낙 출판사 Wydawnictwo ZNAK에서 출간.

 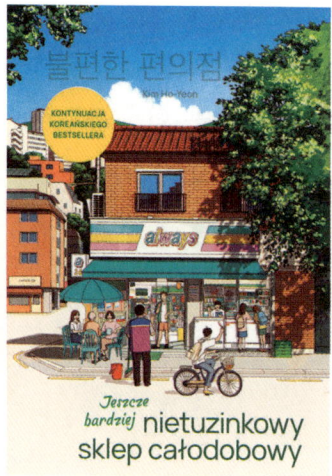

📍 『불편한 편의점』『불편한 편의점 2』폴란드어판.

전쟁의 포화 속에서도 나의 나라, 나의 언어를 지켜낸 강건한 민족이라는 공통점이 있다. 그래서 『불편한 편의점』 속 이야기로 양국의 독자들이 공명하길 바라는 마음도 컸다.

출판사 즈낙ZNAK은 1959년 폴란드의 문화예술인들이 주축이 되어 설립한 출판사로, 옛 폴란드 왕국의 수도였던 크라쿠프에 자리했다. 현재는 폴란드 출판계를 대표하는 역할을 충실히 해내고 있다. 『불편한 편의점』은 즈낙에서 처음 출간하는 한국 소설인 데다, 폴란드에서 K-노벨의 현주소를 가늠할 척도로 여겨지는 중이라, 우리 역시 묵직한 부담감을 안게 되었다.

그러나 뜻밖에도 출간 전 선주문량이 증가하고 독자의 관심도가 높아지면서 결국 오폴레 도서전 측도 책 출간 전에 적극적으로 편편님을 초청하기에 이르렀다. K는 폴란드 출신 노벨문학상 수상 작가 올가 토카르추크Olga Tokarczuk의 『다정한 서술자』를 들고, 나는 폴란드 밴드 복카BOKKA의 데뷔 음반을 들고, 들뜬 마음으로 바르샤바행 비행기에 올랐다.

바르샤바 일일 시티 투어

바르샤바 쇼팽 공항에 도착해 출구로 나섰다. 저만치 앞에 즈낙 출판사의 총괄 디렉터 보그나Bogna와 편집자 도미니카Dominika가 『Nietuzinkowy sklep całodobowy』를 번쩍 들고 서 있었다. 절묘했다! 책만큼 확실하고 실용적인 인지 방법이 또 있을까 싶어 껄껄 웃었다.

우리는 자연스럽게 서로를 알아보고 화통하게 인사를 나눈 뒤, 그 유명한 문화과학궁전Pałac Kultury i Nauki 근처의 숙소로 향했다.

보그나와 도미니카는 일일 시티 투어 가이드가 되어 바르샤바 구도심을 안내했다. 가장 먼저 찾은 곳은 유명한 성 십자가 성당. 관광객과 참배객이 공존하는 와중에도 성당은 고요하고 아름다웠다. 이윽고 쇼팽의 심장이 봉안된 왼편 기둥 앞에 섰다. K는 놀랍다면서도 한편으로는 좀 으스스하다고 했다. 밤이 되면 심장이 살아 숨 쉴 것만 같다며 특유의 상상력을 펼치기 시작한 것이다. 아이고, 이럴 땐 적당히 감동만 해도 될 텐데······.

구도심으로 더 깊숙이 걸어 들어가자 광장 한가운데 용맹한 인어공주 '시렌카 바르샤브스카Syrenka Warszawska'의 동상이 우뚝 서 있었다. 중간중간 전쟁 후 복구된 도심의 여러 요소에 대해서도 두 사람은 혼신을 다해 설명했다. 그리고 드디어 쇼팽 박물관에 당도했다.

그곳에는 쇼팽이 사용한 그랜드 피아노, 자필 악보, 스케치 등이 다양한 방법으로 관람객들에게 공개되었고, 그의 음악을 감상할 수 있는 시스템 또한 훌륭하게 마련돼 있었다.

"We don't start up this piece, It's already started."

쇼팽 콩쿠르에서 우승한 피아니스트 조성진이 한 다큐멘터리에서 했던 말이 떠올랐다. 그는 건반을 눌러 첫 음을 내는 것이 연주의 시작이 아니라고 했다. 그러면서 한 손으로 공간을 유영하듯 움직이며 보이지 않는 연주를 먼저 시작했다. 그 후 몸과 마음에 가득 차오른 감각을 손가락 끝으로 보내 피아노 건반 위에 살포시 펼쳐 얹었다. 연주는 이미 시작된 것이다.

예술가들은 이런 점에서 참 닮은 것 같다. K도 늘 말한다.

"종일 글감을 떠올리고 생각하고 만들어 몸과 머릿속에 가득 차오르면, 컴퓨터 앞에 앉아 손으로 내려 보내 타자를 치는 일이 글쓰기다"라고.

박물관 4층에는 세계 각국 작가들이 만든 쇼팽 조각상이 전시돼 있었다. 단정한 쇼팽, 불안한 쇼팽, 거친 쇼팽, 도저히 알아볼 수 없는 쇼팽 등 갖가지 질감과 표정의 쇼팽을 마주했다. 과연 불같은 예술혼이란 무엇일까? 내 안엔 무엇이 잠들어 있을까? K와 편편님을 따라 쇼팽의 옛 흔적과 현재를 오가며 흠뻑 고민하다 보니 슬슬 배가 고파졌다.

보그나와 도미니카는 우리를 구도심 광장 주변의 전통적인 폴란드 가정식 레스토랑으로 안내했다. 첫 식사로 피에로기Pierogi를 대접받았다. 피에로기는 폴란드식 만두다. 그리고 우리에게도 물만두, 찐만두, 군만두가 있듯 피에로기 역시 다양한 방식으로 조리된다. 다만, 차이가 있다면 소(내용물)가 달랐다. 감자와 화이트 치즈를 섞어 만든 소를 기본으로, 양배추와 버섯, 고기, 견과류, 과일 절임 등 다양한 재료를 사용했다. 뇨키 스타일로 반죽만 구워서 내놓거나 튀겨서 나오는 피에로기도 있었다.

K는 고기소가 듬뿍 들어간 튀긴 피에로기와 말굽 모양의 소시지 킬바사Kielbasa, 폴란드 맥주 지비에츠Żywiec를 주문했다. 나는 기본 피에로기에 발효유 음료 케피르Kefir를 곁들였

다. 우리는 금세 피에로기의 익숙하면서도 특별한 맛에 빠져들었다.

식사를 마치고 대형 쇼핑몰 안의 서점 엠픽Empik에 들렀다. 예정에 없던 방문이었음에도 『Nietuzinkowy sklep całodobowy』가 눈에 띄는 곳에 잘 전시되어 있었다. 서점을 둘러보니 확실히 폴란드에서의 K-콘텐츠 인기를 실감할 수 있었다. 우리의 편편님 말고도 여러 한국 도서들이 자리했고, 한 폴란드 푸드 에세이스트가 쓴 한국 음식에 관한 책이 베스트셀러에 오른 것도 목격할 수 있었다.

서점을 떠나기 전 판매용 도서에 K가 사인을 하는데, 직원 두 명이 벚꽃이 만개한 폴란드어판 편편님을 가슴에 안은 채 쑥스러워하며 이쪽으로 다가왔다. 도미니카와 직원이 무어라 대화하는 모습을 보며 나는 K에게 귓속말했다.

"첫 폴란드 독자들 등장!"

그는 기꺼운 표정으로 책에 사인을 하고 서점원들의 이름을 한글로 정성 들여 적어주었다.

사인을 받은 두 점원은 기쁜 표정으로 우리에게 말했다.

"징쿠예 바르죠Dziękuję bardzo."

처음 들은 폴란드어 감사 인사였다.

폴란드의 반가운 편의점, 잡카

다음 날, 보그나는 출판사가 있는 크라쿠프로 먼저 떠났고, 우리는 도미니카와 함께 바르샤바 그단스카Gdańska 역에서 기차를 탔다. 세 시간을 조금 더 달려 저녁 여덟 시, 오폴레 중앙역Opole Główne에 도착했다. 플랫폼을 건너 역사로 들어서니, 코발트블루 색감이 돋보이는 그 유명한 폴란드 도자기Polish Pottery 특유의 타일이 펼쳐져 있었다. 높은 나무 천장, 대리석 벽과 아치형 기둥, 영화에서나 보던 대합실의 나무 벤치까지. 실로 고풍스러운 분위기가 감돌았다. 밖에서 바라본 오폴레 기차역 또한 무척 아름다웠는데, 19세기에 지어진 빨간 벽돌 건물이 이제 막 해가 저무는 하늘색과 닮아가는 중이었다.

숙소에서 짐을 간단히 풀고, 오폴레 도서전의 전야제와도 같은 환영 만찬에 참석했다. 오드라Odra 강변을 따라 조성된 작은 공원에 페스티벌에서 흔히 보는 뾰족한 텐트들이 여럿 세워져 있었다. 이곳에서 저녁 식사와 함께 미니 콘서트가 열렸고, 도서전에 초청받은 작가들과 출판 관계자들, 페스티벌 운영진, 오폴레 시 관계자들이 모두 모였다. 우리는 내일 K의 북 토크 사회를 맡은 오폴레 대학교 영미문화학과의 스탠Stankomir Niecieja 교수님과 함께 다양한 폴란드 요리를 즐기며 담소를 나눴다. 스탠 교수는 한국에 몇 번 방문했던 터라 함께 나눌 이야기가 풍성했고 그만큼 즐거운 자리가 되었다.

산책하듯 숙소로 돌아가는 길, 우리는 내일을 대비해 미리 도서전 부지를 돌아보다 대형 포스터 앞에서 걸음을 멈췄다. 앞으로 3일간 진행될 작가와의 만남 프로그램에 참여하는 20여 명 작가들의 사진과 이름이 걸려 있었다. 그중 한 명, K의 모습도 보였다. 그것도 첫 줄에!

갑자기 K가 "어? 어! 어?" 하며 흥분하더니, 도미니카에게 뭔가를 물어보았다. 그러고는 또다시 감탄사를 내뿜으면서 나에게 소리를 질렀다.

"에흐 바에사, 바에샤."

"저기, 흥분하지 말고 또박또박 말해봐. 뭐라고?"

"여기, 이 사람, 바엔사, 바엔사."

"바엔…… 아, 바웬사, 그분이 왜. 엇, 크워어!"

그렇다. 폴란드 민주화의 영웅, 폴란드의 김대중, 노벨평화상 수상에 빛나는 레흐 바웬사 Lech Wałęsa 전 대통령이 작가로서 오폴레 도서전에 참석하는 것이었다. 더구나 K와 바웬사 대통령의 얼굴이 나란히 1열에 자리 잡고 있었다는 사실!

우리를 흥미롭게 바라보던 도미니카가 덧붙였다.

"올해 오폴레 도서전에서 초청한 해외 작가는 단 세 명뿐이에요. 그리고 역대 초청 작가 중, 동양에서 온 작가는 K님이 최초랍니다."

감읍한 마음 추스르며, 우리는 편편님과 함께하는 폴란드 북 투어의 서막을 즐겼다.

아침 일찍 숙소에서 나와 오폴레 시내를 산책했다. 바르샤바에서도 그랬지만 이곳도 숙소 옆에 잡카Żabka라는 편의점이 있었다. 물론 밤 열한 시까지 운영되지만, K의 맥주 공급에는 큰 도움이 되어주었다. 잡카의 내부는 한국의 여느 편의점과 다를 바 없었다. 간단한 식음료품, 주류, 담배, 생필품, 감자튀김 같은 스낵도 판매하고, 우리가 사발면을 먹을 때 이용하는 바 테이블도 한쪽에 마련되어 있었다.

'어째서 편편님이 폴란드 독자들에게 쉽게 다가갔을까?' 그 이유를 곰곰이 생각해보니 한국 편의점과 유사한 잡카의 지분도 있다고 여겨졌다. 도미니카도 우리의 추측에 수긍했다.

점심 식사 전 스텐 교수와 재회했다. 어제 그가 흔쾌히 일일 시티 투어 가이드를 자청했기에, 우리는 숙소 뒤에서 이어지는 오폴레 대학 오솔길을 따라 투어를 시작했다.

학교 안 크고 작은 동상들에 얽힌 이야기를 듣고, 한적한 작은 수도원 예배당에 들어가 기도를 드렸다. 오폴레 대성당에서는 결혼식이 진행 중이라 그 또한 낭만이었다.

오폴레 공작 가문의 족보를 벽화로 그린 방에 들러 도시의 역사를 엿보고, 오드라 강변을 따라 산책 후 돌아왔다. 합스 부르크와 프로이센의 지배를 거쳐, 2차 세계대전을 지나 현재에 이른 도시의 전경을 한껏 조망하며 알찬 투어를 마쳤다.

폴란드가 우리나라보다 북극에 가까이 위치했다지만 확연히 여름으로 접어드는 6월이었다. 햇볕이 따가워 목이 탔다. 우리는 도서전 메인 게이트 근처 아이스크림 가게로 들어갔다.

K는 훌륭한 가이드에 대한 보답으로 아이스크림을 사겠다고 했다. 스탠 교수는 기꺼운 표정으로 주문을 했고 우리도 그의 추천대로 커다란 아이스크림을 한 대접씩 주문했다. K와 북 토크 사회자는 차가운 아이스크림으로 건배를 대신하며 전의를 불태웠다.

기대 이상! 폴란드 독자들의 호기심 폭발

아이스크림과 점심 식사를 해결하고 돌아온 도서전 한복판은 그야말로 오일장을 연상케 했다. 아까까지만 해도 사람이 많지 않았는데 어디서 이렇게 몰려왔는지 인산인해를 이루었다.

그동안 경험한 도서전은 대부분 실내에서 진행되었기에, 이렇게 야외에서 펼쳐지는 모습을 보니 마치 이맘때 열리는 뮤직 페스티벌 같았다. 사실 오폴레 도서전은 저녁부터 음악 페스티벌로 무대가 전환되기 때문에 두 성격을 모두 띤다고 해도 과언이 아니었다. 나는 한편으로 오늘 저녁 헤드라이너로 무대에 오를 밴드 복카를 영접할 순간도 기대하고 있었다.

K의 북 토크 무대는 오후 세 시부터 시작이라 우리는 두 시 삼십 분 즈낙 출판사 부스에서 다시 만나기로 했다.

그런데, 이게 무슨 일이야!

K의 즉석 사인회가 열려버렸다. 부스에서 다섯 명 정도만 사인을 받아도 영광이라 생각했는데, 어느새 몇십 명이 우르르 줄을 섰다. 폴란드어판 편편님을 가슴에 꼭 끌어안고!

얼떨떨한 가운데 일단 사인을 해나갔다. 그런데 이러다 무대로 못 가는 거 아닌가? 북 토크는 세 시 정각에 시작인데, 벌써 두 시 오십팔 분이었다. 도미니카와 나는 관객들에게 양해를 구하며 K를 자리에서 억지로 일으켜 세웠다.

그러자 북 투어 중 처음으로 K가 내게 화를 냈다.

"이것 좀 더 해드리면 어때?"

"작가님, 북 토크 세 시 시작인데 지금 세 시 정각이에요. 오거나이저가 찾아왔다고요!"

깜짝 놀란 K는 뛰었다. 나도 따라 뛰었다.

"작가님, 거기 아니에요, 저기 오른쪽, 오른쪽으로!"

K는 매무새도 점검하지 못한 채, 무대 위로 덥석 뛰어 올라갔다.

야외 객석은 이미 만석이었다. 무대를 둘러싼 계단형 벤치와 바닥에도 관객들이 빼곡히 앉아 있었다. 뙤약볕을 피할 곳이 없었기에, 빈 좌석이 많을 거라 예상했다. 그런데 오폴레 시민들은 피부가 새빨갛게 변해가면서도 아랑곳하지 않고 객석을 가득 채웠다. 무대 정면 통로에도 서서 경청하는 사람들로 분주했다.

출판사 부스, 서브 스테이지에서도 다양한 작가들의 사인회와 토크 세션이 진행 중이었기에, 극동 아시아에서 온 우리에게 누가 관심을 가질까 하는 불안한 마음도 있었다. 그럴 만했다. 도서전 전 회장을 통틀어 아시아인은 총 6명이었다. K와 나, 객석의 노부부, 그리고 객석의 아버지와 아들. 전날과 오늘, 오폴레 곳곳을 돌아다니며 마주친 벽안의 소년소녀들이 K를 유난히 빤히 쳐다본 이유도 이 때문이었을 것이다.

어제의 대화와 오늘의 시티 투어로 충분히 스킨십을 한 덕택에, K와 스탠 교수의 북 토크는 자연스럽고 화기애애했다. 게다가 관객들의 집중도까지 더해져 분위기는 최고조에 달했다. 그런데 내게는 자꾸 북 토크를 제대로 관찰하기 어려운 상황이 발생했다. 무대 아래 펜스 앞에 선 나에게 오폴레 시민들이 계속 말을 걸었기 때문이었다.

"편편님을 읽고 너무 감동했어요!"

"한국 편의점에 가면 '참참참'을 살 수 있나요?"

"피에로기보다 한국 만두가 제 취향이에요."

"제 한국인 친구에게 선물하고 싶은데, 여기에 이 문구를

📍 오폴레 도서전 북 토크. 뙤약볕이 내리쬐는 야외 객석에 관객이 가득하다.

한글로 써주세요."

"제 베스트 프렌드는 한국 문화에 너무 빠졌어요. 도대체 한국에 무슨 특별함이 있나요?"

"나와 함께 사진을 찍어줄 수 있나요?" (……왜죠?)

"북한의 위협에 대해 어떻게 생각하시나요?" (……네? 왜죠?)

"여기에 사인해주세요." (……저는 작가가 아닌데요.)

등줄기가 서늘할 정도로 관객들이 다가와 내 어깨와 등을 콕콕콕 두드리며 말을 걸었다. 그들의 과분한 호기심과 열정에 나는 '역시 국영수를 잘했어야 해' 생각하며 번역 앱을 이용해 느리지만 정성껏 답을 해주었다.

북 토크가 끝날 무렵, 페스티벌 조직위원회에서는 무대 뒤편 그늘진 곳에 사인 테이블을 세팅했다. 그런 뒤 『Nietuzinkowy sklep całodobowy』를 확대 출력한 안내판을 세워 스태프 한 명이 한쪽 방향으로 줄을 서도록 유도했다. 아직 북 토크가 끝나지도 않았건만, 햇볕을 피해 도서관 옆 카페테리아 벤치에 앉아 있던 관객들이 책을 품에 안고 우르르 와 줄을 섰다.

무대를 마치고 내려온 K는 다시 즈낙 출판사 부스로 뛰어가려고 했다.

"작가님, 스톱! 여기 사인 테이블 따로 있어요. 진정해요."

탄산수 한 병을 건네자 원샷한 K는 그제야 숨을 돌리며 사인회 테이블을 둘러보았다.

"이 사람들 다? 전부 다?!"

어림잡아도 50명이 넘었다. 깜짝 놀랄 수밖에 없었다.

무대에서 내려온 스탠 교수와 그의 가족들, 오폴레 도서전 관계자들과 인사를 나누는 짬짬이, 나는 샤샤샥 K의 옷매무새를 정리하고 땀을 닦아주었다. 사인회는 거의 한 시간 동안 이어졌다. 다음 무대를 위해 정비해야 했기에, 페스티벌 스태프들이 마감을 알리며 줄을 끊었다. 100건이 넘어가면서부터는 카운팅을 포기했기 때문에 정확한 수치는 알기 어려웠다.

오폴레 도서전을 찾은 관객들은 오폴레 시민들뿐만이 아니었다. 옆 도시 브로츠와프, 체스토호바, 카토비체에서 온 사람들도 많았다. 저마다 K와의 소통을 기대하며.

"아뇽하시에요(안녕하세요)!"

폴란드어 억양이 섞인 한국어 인사가 여기저기서 터져 나왔다. 드라마를 보며 한국어를 독학했다는 한 독자는 "오폴레에 오신 것을 환영합니다"라고 수줍어하면서도 또박또박한 발음으로 인사를 건네기도 했다.

다시 만나요, 폴스카!

그리고 이 모든 광경을 처음부터 끝까지 조용히 지켜보는 사람이 있었다. 객석 한쪽에 앉아 있던 동양인 아버지와 아들이었다. 사인회가 끝날 때까지 두 부자는 우리를 기다렸다. 그리고 마침내 조우했다. 알고 보니, 주폴란드한국문화원의 이당권 문화원장님과 그의 아들이었다.

사실, 폴란드에 오기 전 한국문화원에 진작 연락했다. 아쉽게도 우리의 방문 기간에 문화원이 대대적인 리노베이션을 하기에 도서·문학 담당자는 휴가를 떠나고, 다른 파트 담당자들은 주폴란드한국대사관으로 임시 출퇴근하며 사무를 보는 상황이었다. '언젠가 다시 바르샤바에 방문하게 된다면……'이라는 기약 없는 약속과 함께, 아쉬움을 삼켰다.

그런데 문화원장님이, 그것도 일요일에, 바르샤바에서 장시간 차를 몰고 직접 오폴레까지 와서 K와 『불편한 편의점』이 폴란드 독자들과 교감하는 장면을 묵묵히 지켜본 것이다. 그리고, 도서전 현장에서 특급 제안을 건넸다.

"2025년은 한국과 폴란드의 수교 35주년이 되는 해입니다. 관련 이벤트가 다수 개최될 예정인데, 그중에서도 2025 바르샤바 국제도서전*은 대한민국이 주빈국으로 선정되었습니

● 바르샤바 국제도서전 Warsaw International Book Fair: 폴란드에서 개최되는 최대 규모의 문학 축제이자 저작권 마켓. 매년 약 10만 명 이상 방문하며, 2023년 기준 500여 개의 출판사와 14개국 관련 단체가 참가했고, 2025년에는 대한민국이 주빈국으로 초청되어 한국의 스토리, 문학, 문화를 소개하는 특별한 프로그램이 진행될 예정이다.

다. 주폴란드한국문화원이 주관하는 작가와의 만남에 김호연 작가님이 출연해주시면 좋겠습니다."

11개월 뒤의 일이었지만 우리는 흔쾌히 승낙했다. 또 한 번의 폴란드행 북 투어에 자동으로 체크인하는 순간이었다.

오폴레의 마지막 저녁. 도미니카는 자신의 남편과 반려견을 우리에게 소개했다. 함께 식사를 하고, 오랜 시간을 보내며 정이 깊어진 그녀와 내년에 또 보자는 기분 좋은 약속을 나누었다. 계획대로라면 내일 아침 바르샤바로 떠나기 위해 오폴레 기차역까지 함께 이동할 예정이었지만, 이미 여러 번의 산책으로 길을 완벽히 익힌 우리는 도미니카의 조기 퇴근을 위해 식사 자리에서 마지막 인사를 하기로 했다.

작별하며 도미니카는 작고 아담한 종이 쇼핑백 하나를 내 손에 쥐여주었다. 심플하면서도 예쁜, 빨간 스트라이프와 파란 스트라이프 패턴이 그려진 찻잔 세트였다.

"서울에 돌아가면 맛있는 차와 커피를 마시면서 폴란드와 오폴레를 떠올려주세요."

도미니카의 말이 가슴에 스며들었다.

"당신도 기억할 거예요."

그러자 도미니카는 나를 품에 끌어안았다.

북 투어의 전리품과도 같은 찻잔 세트는 집에 도착하자마자 개시했다. 오폴레에서 만난 독자들을 떠올리며, 도미니카와 보그나, 스탠 교수의 친절함을 기억하며.

그리고, 2025년 5월에 다시 찾게 될 바르샤바를 마음속에 깊이 새기며.

인터뷰 5

얀 헨릭 디륵스
Jan Henrik Dirks

한국문학 독일어 번역가

한국문학의 독일어 번역가 얀 디륵스는 가천대학교 유럽어문학과 부교수로 재직하고 있습니다. 그는 김호연 작가의 『불편한 편의점』 시리즈를 비롯해 조남주, 박상영, 장류진, 천선란, 류시화 등 한국 작가의 작품을 다수 번역했으며 2015년 정영문의 『바셀린 붓다』로 대산문학상(번역 부문)을 수상했습니다.

Q1. 독일의 한저HANSER 출판사로부터 『불편한 편의점』 시리즈의 번역을 의뢰받았던 때를 기억하시나요? 그때의 소감, 그리고 『불

편한 편의점』을 번역하겠다 결심한 계기가 궁금합니다.

당시 출판사로부터 의뢰를 받았을 때의 기쁨이 아직도 생생하게 기억납니다. 이러한 큰 베스트셀러를 맡게 된 건 그때가 처음이었으니까요. 저는 먼저 소설의 첫 부분을 읽고, 독일어로 옮기면 어떤 느낌일지 상상해봤습니다. 그리고 바로 확신이 들었죠. "이건 잘될 거야. 이 스타일, 이 톤은 내가 잘 살릴 수 있어." 그래서 번역을 맡기로 결정하기는 어렵지 않았습니다. 그리고 실제로 번역 작업은 정말 즐거웠습니다.

Q2. 『불편한 편의점』은 독일에서 'LovelyBooks Community Awards 2024' 후보로 선정되기도 하고, NDR북독일방송과 WDR서독일방송에서 라디오 드라마로 제작되어 송출되기도 했습니다. 이토록 현지에서 많은 독자들의 사랑을 받게 된 데에는 번역의 힘이 컸다고 생각합니다. 번역 과정에서 독자들을 고려해 특별히 신경 쓰거나 몰두한 부분이 있다면 알려주세요.

리듬과 흐름은 좋은 문체의 알파와 오메가입니다. 리듬이 맞지 않으면, 독자는 책을 읽는 내내—왜 그러는지도 모르면서—어딘가 불쾌한 기분을 느끼게 되지요. 제 경험상, 좋은 리듬 감각은 배워서 쉽게 얻을 수 있는 것이 아닌 것 같습니다. 타고났거나, 그렇지 않거나 둘 중 하나입니다. 김호연 작가님은 분명히 그러한 리듬 감각을 지니셨지요. 원문의 문체가 매우 매끄럽고 유려해서, 마치 책이 스스로 번역되는 것처럼 느껴질 정도였습니다.

『불편한 편의점』의 스토리에서 가장 큰 강점은 인물이라고 생각합니다. 김호연 작가님은 각각의 캐릭터를 정말 세심하고 애정을 담아 그려냈습니다. 모든 인물들이 어떤 전형적인 면을 지니면서도 결코 틀에 박힌 스테레오타입은 아닙니다. 보편적인 공감을 불러일으키는 동시에 개별적 성격을 유지하는 것, 인물에서 이 균형을 잡는 일은 결코 쉽지 않습니다.

번역 작업을 할 때 저는 인물들의 특징을 살리는 데 많은 시간을 할애했습니다. 각 인물은 사고하고 느끼고 말하는 방식이 저마다 다르며, 각자 나름대로의 존엄을 지니기도 하지요. 번역가로서 저의 역할은 다른 언어에서도 모든 인물이 자기 목소리와 고유한 개성을 그대로 유지할 수 있도록 해주는 것입니다.

Q3. 『불편한 편의점』은 현지에서 'Frau Yeoms kleiner Laden der großen Hoffnungen', 『불편한 편의점 2』는 'Wenn es

Nacht wird in Frau Yeoms kleinem Laden'이라는 제목으로 출간되었습니다. 각국으로 북 투어를 다니며 유럽권에는 아시아의 '편의점'과 비슷한 상점이 존재하지 않고, '불편하다'는 단어 역시 상황별로 다르게 적용되어 제목을 번역하기가 쉽지 않았다는 사실을 알게 되었습니다. 한국의 독자들이 이해하기 쉽게 독일어판 제목은 각각 어떤 뜻을 가졌는지 알려주실 수 있을까요?

『불편한 편의점』 시리즈의 독일어판은 '염 여사의 큰 희망 작은 가게', 그리고 '염 여사의 작은 가게에 밤이 찾아오면'이라는 제목으로 출간되었지요. 책 제목은 번역가가 아니라 출판사의 마케팅 부서가 결정하며, 그 기준은 문학적인 고려보다는 상업적 관점이 더 크게 작용한다고 볼 수 있습니다. 출판사는 수익 창출이 중요한 목표이며, 마케팅 부서 역시 본연의 업무에 충실했을 뿐이라는 점을 저 역시 잘 알고 있습니다. 그러나 그렇게 되다 보니, 제가 꼭 살리고 싶었던 '불편하다' 같은 단어는 웰빙을 중요시하는 일부 독일 독자들을 불쾌하게 할 수 있다는 이유로 사용되지 않았고, 원작의 독창적인 제목은 시장 전략이라는 이유로 '염 여사'(이국적인 이름), '작은 가게'(아늑함, 편안함), '큰 희망'(긍정적인 감정) 같은, 비교적 진부한 표현들로 대체되어 번역가의 관점에서 보았을 때 좀 아쉽다고 생각됩니다.

Q4. K-컬처 열풍 속에서 한국의 책들도 서서히 세계 여러 나라에서 관심을 받고 있습니다. 한강 작가님의 노벨문학상 수상 이후 그 후광도 커져가고요. 번역가님이 생각하기에 한국 소설이 현지에서 경쟁력이 있다면 어떤 점이 그 경쟁력을 만드는 것일까요?

번역가이자 독자로서 저는 책을 '경쟁력'이라는 관점에서 바라보는 것이 좀 어렵지만 한국문학에는 매우 매혹적인, 저에게 깊은 인상을 준 면모들이 많습니다. 눈에 띄지 않는 작은 사물에 대한 섬세한 관찰, 일상적인 것들에 대한 진지한 관심, 일종의 가식 없는, 솔직한 개방성, 계산되지 않은 즉각적인 공감, 깊은 감수성, 그리고 (그것이 역사적인 맥락에서 비롯된 것인지 모르겠지만) 위기나 고통스러운 상황을 대하는 참을성, 강인함 등과 같은 양상들입니다.

이런 면에서 『채식주의자』나 『불편한 편의점』과 같은 작품들은—서로 완전히 다른 장르임에도 불구하고—각각의 방식으로 사람의 마음을 진정성 있게 움직이므로 훌륭한 문학이라 할 수 있지요.

Q5. 번역가이자 독자로서 한국의 독자들에게 추천하고 싶은 현지의 책이 있다면, 추천의 이유와 함께 알려주세요.

제 추천으로 행복해진 사람은 지금까지 많지 않았던 것 같은데요……. 하지만 이렇게 물으신다면, 만약 그 소설을 아직 읽지 않았다면 프란츠 카프카의 『성』을 한번 읽어보시길 권합니다. 수수께끼 같고, 불가해하며, 모순적인 것들—즉 인간의 마음을 특징짓는 모든 것들—에 관심이 있다면, 이 책이 마음에 드실 겁니다. 그리고 자세히 읽다 보면 알게 될 겁니다. 그의 작품은 대개 무겁고 어두운 것으로 평가되지만, 실은 카프카가 아주 특별한 유머 감각도 지닌 작가라는 것을요.

18.
별들이 소곤대는 홍콩의 밤과 낮

「我小時候, 香港演員就像現在的韓流明星一樣, 在亞洲各地都很受歡迎.
周潤發! 劉德華! 張國榮! 張學友! 還有洪金寶也很紅,
雖然他是其中最胖的 – 涸, 哈哈哈.」
"나 어릴 때는 그 홍콩 배우들이 지금 한류스타들처럼 아시아에서
인기가 많았어요. 주윤발! 유덕화! 장국영! 장학우!
그리고 홍금보도 한인기 했죠. 그중 가장 뚱뚱하긴 했지만. 아하하."
—『불편한 편의점 2』, 65쪽

발신처: Hong Kong Trade Development Council

요즘 매일같이 하는 일이 있다. 번역 앱 개발자들의 행복을 비는 것이다. 진심이다.

숱한 세월 록과 팝 음악을 듣고 따라 부르며, 아티스트의 내력을 줄줄 외우고, 심지어 내한 아티스트의 수발을 들고, 국외 뮤직 콘퍼런스에서 한국 대표로 비즈니스 미팅을 다니던 나였지만, 나는 영어를 못한다. 취약하다거나 울렁증 같은 게 아니라 진짜 못한다.

그럼 어떻게 버텼냐고?

친가와 외가를 통틀어 압도적인 막내이기에 태생적으로 수발러의 눈치를 타고났다. 어릴 때부터 할머니, 할아버지 틈 바구니에서 자란 데다, 이웃에 청각장애인이 있어 보디랭귀지로 소통하는 데도 두려움이 없었다. 얼굴 비율의 반을 차지하는 하관 덕에 '왕스마일'을 탑재, 어떻게든 버텨냈을 뿐이었다.

'아…… 영어 실력 향상시켜야 하는데……' 고민하며 학원도 다녔지만, 국문법의 영문법 적용이 다 날아간 상태라 쉽지 않았다. 그나마 일본어를 조금 할 수 있다는 것에 스스로를 다독였을 뿐.

하지만 최근 급격히 영문 소통량이 늘어났다. 『불편한 편의점』을 출간한 각국의 출판 담당자들과 이메일, SNS, 메신저 앱으로 끊임없이 연락을 나누고, 특히 국외 출장을 떠날 때마다 단계별로 연락하게 되는 에이전트나 축제 측 담당자들과의 대화도 끝없이 이어졌다. 무려 영어로! 그래서 이제는 아침마다 메일함을 열기 전에 구글 번역과 파파고를 동시에 띄워놓고 업무를 시작한다. 최근에는 챗GPT를 구독하면서 번역 시간을 효과적으로 단축시키고 있다.

영어를 사용하는 내 뇌는 멈췄지만, 효과적인 영문 번역을 위한 한글 쓰기 스킬은 기가 막히게 향상되었다.

요전에도 영문 메일을 한 통 받았다. 발신처는 무려 Hong

Kong Trade Development Council HKTDC. 솔직히 메일 제목에 'Mr. Kim Ho-Yeon'이라고 써 있지 않았다면, 스팸 메일인가 보다 하고 휴지통으로 보냈을지도 몰랐다. 메일을 클릭하기 전, 혹시나 하는 마음에 'HKTDC'를 먼저 검색해 샅샅이 조사했다. 그 결과, 홍콩 정부 산하의 공공기관, 즉 '홍콩무역발전국'이라는 것을 알아냈다.

그곳에서는 홍콩의 무역과 투자를 관장하는 한편, 세계적으로 유명한 국제 콘퍼런스를 분기별로 개최하고 있었다. 그럼 무슨 이유로 K에게 연락했을까? 답은 정해져 있었다.

중화권 최대 도서전 중 하나로 손꼽히는 '2024 홍콩 국제도서전*'의 연사로 K를 초청하기 위해서였다.

달칵. 경건한 마음으로 메일을 클릭했다. 자신을 HKTDC의 사업개발 및 전시기획 총괄자라고 소개한 챌리스 Chalice Or 씨는, 2024년 7월 17일부터 23일까지 홍콩 도서전이 열린다는 소식과 함께 올해의 테마 'Film and Television Literature'에 맞춰 'English and International Reading Series' 부문의 연사로 K

---

* 홍콩 국제도서전 Hong Kong Book Fair: 매년 약 100만 명에 달하는 방문객을 자랑하며, 중화권과 세계문학의 가교 역할을 톡톡히 하는 도서전. 출판 관계자들에겐 북 비즈니스 플랫폼으로, 독자에게는 책 구매뿐 아니라 세계의 작가들을 한자리에서 만날 수 있는 특별한 행사로 각광받고 있다.

를 초대한다고 했다(벌써 뭔가 쉬운 듯 어렵지 않은가).

더불어 작가에게 왕복 항공비 포함 2박의 숙박을 제공한다는 상세 안내도 덧붙였다.

에이전시도 출판사도 아닌, 해외 도서전 측에서 직접 워터폴스토리 공식 계정으로 초청장을 보낸 것은 개업 이후 처음인지라, 그것만으로도 매달 납부하는 호스팅, 도메인 비용이 아깝지 않았다.

나는 챗GPT와 의기투합해 챌리스 씨에게 감사의 인사와 함께 참석 의사를 알릴 영문 메일을 작성했다. 말미에는 번역앱을 사용 중이니 어색한 표현이 있더라도 이해해달라는 문장도 추가했다.

이제 K에게 소식을 전할 시간이었다.

와…… 얼마나 좋아할까?

심지어 메인 테마가 '영화와 텔레비전 문학'이라니! 아무래도 챌리스 씨는 K의 20년 작가 생존기를 담은 『매일 쓰고 다시 쓰고 끝까지 씁니다』의 중국어판을 읽어본 게 아닐까 하는 생각이 들었다. 소설과 시나리오를 써온 K와 이번 도서전 테마는 찰떡도 이런 찰떡이 없었다.

게다가 홍콩은 중국어 번체를 사용하기 때문에 대만판이 동시 출간되며 대만에서의 출판 성과가 홍콩 시장에도 영향을 미친다. 『不便利的便利店』 시리즈를 비롯해, K의 『望遠洞

兄弟 망원동 브라더스』, 『每天寫 , 重新寫 , 寫到最後 매일 쓰고 다시 쓰고 끝까지 씁니다』도 이미 홍콩에서 활발히 유통 중이었다. 게다가 오는 7월 1일, K의 두 번째 소설 『연적』의 대만판 『情敵』도 대만, 홍콩 동시 출간을 앞둔 상태였다. 이렇게나 완벽한 타이밍이라니!

나는 최대한 '오다 주웠다' 전술로, 귀가해 손을 씻고 나오는 K에게 툭- 말을 던졌다.

"7월 20일 토요일, 홍콩 도서전 출연 확정이요."

"응……. 응? 홍콩?!"

"별들이~ 소곤대는~ 홍콩의 바암거어리이~"

나는 최대한 방실방실 웃으며 율동을 더해 〈홍콩 아가씨〉 한 곡조를 뽑았다. K도 어깨춤을 추었다. 맨정신에도 서로의 주접이 괜찮다고 느끼는 걸 보면, 홍콩 도서전 초대장이 강력한 최면을 건 것임이 틀림없었다.

Made In Hong Kong

도서전을 두 달 앞두고, K의 영문 소개와 토크 세션의 제

- 〈홍콩 아가씨〉: 1954년 발표된 故 금사향의 명곡. 홍콩의 낭만과 동경을 대변하는 곡으로 유명하다.

목, 주제, 상세 소개를 영문으로 제출해야 했다. 이번에도 챗GPT는 구독료가 아깝지 않을 만큼 열일을 했다. 그래도 조금 불안해서 KL매니지먼트의 이구용 대표에게 감수를 요청했다. 그는 흔쾌히 업계 용어와 표기법을 반영해 몇 가지 표기를 바로잡아주었다. 든든한 아군이 있다는 건 정말 큰 축복이 아닐 수 없다.

그리고 그날부터 K와 나는 눈만 마주치면 누가 먼저랄 것도 없이 '별들이 소곤대는 홍콩의 밤거리'를 부르며 어깨를 들썩이는 이른바 홍콩 소환, 홍콩앓이를 시작했다.

홍콩행 비행기가 이륙하는 순간에도, 착륙하는 순간에도, 숙소 입실하는 순간에도, VIP 티켓을 목에 걸고 도서전이 진행되는 컨벤션 센터에 입장하는 그 순간에도 우리는 노래했다.

아— 참으로 지독하고 무서운 증세였다.

하지만 그보다 더 무서운 건 도서전 그 자체였다. 컨벤션 센터에 입장하자마자 홍콩을 주름잡는 대형 서점 부스들이 촤라락 펼쳐졌다. 와아— 크다. 와아— 멋있다. 와아— 사람 너무 많아! 발 디딜 틈도 없어! 감탄을 연발했다.

그런데 이게 무슨 일이야! 『情敵연적』의 표지를 필두로 한 프로모션 배너가 집 한 채보다 큰 사이즈로 제작되어 공중에 매달려 있었다.

"어머, 이건 찍어야 해!"

홍콩 국제도서전 컨벤션 센터에 설치된 『불편한 편의점』과 『망원동 브라더스』 『연적』 대만판 홍보물.

혼자 너무 큰 목소리를 내고 말았다. 주변 사람들이 다 쳐다볼 정도였다. '한궈런~(한국 사람인가 봐~)' 하는 소리들도 들렸다. 오소소 돋은 소름을 가라앉히며 잠시 진정하고 사진을 찍은 뒤 K에게 전송했다.

그런데 K는 어디에 있는 걸까? 그는 무려 HKTDC의 부총재가 주관하는 Cultural Dinner에 참석 중이었다. 부총재의 가이드로 도서전에 참가하는 작가, 내빈들이 홍콩예술관

HKMoA을 둘러본 뒤 저녁 식사와 함께 네트워킹을 진행하는 만찬이었다. 오로지 작가만 초대되기에 아쉽게도 나는 함께 하지 못했다. 대신 먼저 드넓은 컨벤션 센터를 둘러보고, 토요일에 진행될 토크 세션 장소를 사전 점검하고, 이동 동선을 파악해두는 프로모터로서의 본분을 충실히 수행했다.

초대형 서점 부스, 대형 서점 부스, 중형 서점 부스, 독립 서점 부스를 골고루 둘러보았다. 신간인 『情敵』은 물론, 어디에서나 『不便利的便利店』의 홍보물 또는 특별 매대를 볼 수 있었다. 솔직히 말하자면 한국에서조차 흔한 광경이 아니었다. 감동의 쓰나미를 너무 맞아서 현기증이 나는 순간, 갑자기 뒤에서 K의 목소리가 울려 퍼졌다. 뭐야? 벌써 디너가 끝났을 리가 없는데? 휙휙 고개를 돌려봤지만 K는 없었다. 소리의 출처에 귀 기울이며 쫓아가 보니 한 서점이 준비한 대형 스크린에서 K의 인사 영상이 나오고 있었다. 그게 끝이 아니었다. K에 이어 『不便利的便利店』의 소개 애니메이션이 중국어로 흘러나왔다. 편편님, 실로 대단한 님이시여!

찰칵찰칵 열심히 찍은 현장 사진을 K에게 또 공유하고 저녁 사냥을 위해 완차이 역으로 향하는 길. 아주아주 오래전 회사 워크숍으로 홍콩에 온 기억이 떠올랐다. 단 하루의 자유 시간을 얻어 아침 일찍부터 활기찬 소호거리를 걷다 길도 잃어버리고, 무작정 노상 포차에 앉아 국수도 먹고, 에그타르트와 딤섬, 망고주스로 풀파워 충전 뒤 빅토리아 피크에 올라 야경도 눈에 담았다. 영화 〈천장지구〉, 〈중경삼림〉 등 숱한 홍콩 영화에서 만난 몽콕과 야시장을 보기 위해 2층 트램에 올라타 숙소까지 빙빙 돌아온 기억도 났다.

그때나 지금이나 홍콩은 빌딩과 메트로 역 사이 연결된 육교 보행로에서 내려다보는 야경이 압권이다. 특히 완차이 역과 컨벤션 센터를 잇는 구간은 초고층 빌딩과 낡은 골목에 걸린 네온사인들이 낭만을 더해준다. 내일은 이 길을 K와 함께 걸어야겠다. 그렇게 생각하며 캐주얼하면서도 혼자 먹기 좋은 용딤섬龍點心에 들어가 각종 딤섬 세 접시를 클리어했다. (이후 밤마다 야식 출근 도장을 찍은 건 안 비밀!)

홍콩 국제도서전 토크 세션: 홍콩 독자들과의 만남

토요일 오전 열 시. 조식으로 든든하게 배를 채우고 컨벤션 센터로 이동했다. 오늘 드디어 홍콩의 독자들을 처음으로 만나게 된다. 이제 막 도서전 관객 입장이 시작되었을 텐데, 토요일이라 그런지 어제와는 비교할 수도 없을 만큼 많은 인파에 떠밀리듯 넘실넘실 이동했다. '이 사람들이 다 K를 만나러 와주면 좋겠는데!' 기도하는 마음으로 S222-223 세미나 룸을 향해 진군했다. 도서전 스태프들과 인사를 나누고 무대를 바라보니 프로그램 소개가 멋지게 인쇄되어 있었다.

KOREAN STORIES ARE POWERFUL:
Focusing on the writer KIM HO-YEON's Experience

갑자기 K가 무대로 올라가 두 팔을 펼치며 턱을 치켜들었다. 예, 척하면 착입죠! 찰칵찰칵 기념사진을 찍는데 빨간 드레스를 입은 여인이 나타났다. 오늘 토크 세션의 사회자로 선임된 마리아Maria Chaudhuri 교수였다. 홍콩대학교에서 '창의적 글쓰기', '창의적 커뮤니케이션'에 대해 강의하는 그녀와는 앞서 이메일로 간단한 인터뷰를 나누었지만 그것만으로는 부족해 사전 인터뷰를 진행하기로 했다.

그럴 만도 한 것이 우리가 배정된 토크 세션은 'English and International Reading Series', 즉 영어로만 진행되는 프로그램이기 때문이다. 하지만 아직 편편님이 영문판으로 출간되지 않았기에 마리아 교수는 K의 작품을 읽어볼 수 없었다. 그래서 서로를 더 파악하는 시간이 필요했다. 두 사람이 대화를 나누는 동안 나는 K의 홍보 키트를 좌석에 한 장 한 장 깔아두었다.

음악계 복무 시절, 각국의 뮤직 콘퍼런스에 한국 대표로 참가해보기도 했고, 한국에서 진행되는 콘퍼런스에서 외국 음

📍 홍콩 국제도서전에서 북 토크 중인 K와 마리아 교수.

반 관계자들도 많이 만났다. 영어를 못하더라도 소속 아티스트나 우리 음반사의 주력 정보를 담은 홍보 키트, 태블릿PC와 함께라면 두려움이 없었다.

홍보 키트는 콘퍼런스에 참여하는 프로모터에게는 총알과

도 같은 중요한 요소다. 명함보다 더 중요한 이 작은 종이 한 장이 있고 없고의 차이는, 전쟁터에서 맨몸으로 기관총 앞에 나가느냐 마느냐처럼 큰 차이다.

도서전 참여를 위해 작성한 영문 소개 글도 있고, 최신판 『情敵』을 포함해 중국어 번체와 간체판으로 출간을 마친 도서가 여덟 권이나 되다 보니 카탈로그로 만들기에 충분했다. 이는 작가와 작품의 정확한 정보를 홍콩 독자들뿐 아니라 도서전에 참가하는 각국의 출판 에이전트에게도 제공할 수 있는 좋은 기회였다. 또한 토크 세션에 참여하는 관객들 중 K의 팬이 있다면 홍보 키트는 그들에게 좋은 기념품 역할도 해줄 것이다.

어제 미리 세미나 룸을 둘러보며 객석으로 송출하는 대형 스크린이 있다는 것도 사전에 체크해두었다. 혹시나 싶어 USB에 이것저것 슬라이드 파일을 PDF로 만들어 가져왔는데, 역시나 송출이 가능하다고 했다. 북 토크라지만 주인공들이 대화만 나누는 것보다 관련 주제에 맞춰 책 표지라도 송출된다면 프로그램은 더욱 풍성해질 것이다. 나는 관계자용 노트북 앞에 앉아 K의 답변을 들으며 눈치껏 스크린에 이미지를 띄워 관객들에게 프레젠테이션했다.

토크 세션은 한 시간 반가량 K와 사회자의 풍성한 대화로 채워졌고, 관객과의 화기애애한 질의응답을 끝으로 마무리

되었다.

이어진 사인회. 너무나 고맙게도 홍콩의 에세이 작가 소서 小書, siusyu 님이 K의 팬이라며 그의 책을 종류별로 다 가지고 찾아왔다. 그리고 도서전에 맞춰 출간한 자신의 책을 K에게 선물했다. 사인회가 끝나갈 무렵에는 안경을 쓴 한 백인 남성이 나에게 다가왔다. 엄청나게 유창한 영어로 자신을 소개하는데, 누가 봐도 북 에이전트였다. 그의 손에는 내가 사전 배부한 K의 홍보 키트가 들려 있었다.

'러시안'과 '컨비니언스 스토어', 이 두 단어는 확실히 들렸다. 눈치껏 『불편한 편의점』의 러시아 판권이 살아 있는지 물어보는 거라고 때려 맞혔다.

"I'm not good at English, so please understand."

이 문장만큼은 자신 있게 말할 수 있었다. 출장 갈 때마다 먼저 외치는 말이니까. 이어 K의 해외 프로모션에서 자주 등장하는 단어를 나열하며 더듬더듬 혼신을 다해 설명했다.

"Convenience store. The Book. Already published. In Russia."

"Oh. My. God. Did you only sign a contract, or did it actually get published?"

'사인', '컨트랙트'라는 단어가 들렸다. 계약 중인지 출간 완료한 건지 묻는 게 아닐까 눈치껏 또 알아들은 내가 답했다.

"This Month. Published."

"Oh, F**K."

남자는 자신의 이마를 퍽 소리 나게 때리며 말했다. 아무리 그래도 레이디의 면전에서 F**k을 날리다니, 오히려 이쪽에서 퍽 당황해 동공 지진이 일어났다. 남자는 의자에 앉아 핸드폰으로 엄청나게 검색을 했다. 잠시 후 저벅저벅 나에게 다시 다가왔다. 지금부터는 번역기를 돌려야 한다는 느낌이 엄습했다. 챗GPT야, 밥값 하자!

그는 아무리 검색해도 나오지 않는다며 러시아 어디에서 출간된 건지 정확한 정보를 달라고 했다. 나는 출판사명과 함께, 러시아어판 편편님의 정보 페이지를 열어 그에게 보여주었다.

"AST라니! 진짜 대형 출판사에서 나왔네요. 그런데 제목에 '컨비니언스 스토어'가 들어가지 않아서 제가 조회할 수가 없었던 거군요."

"아, 그렇군요……. 하하하!"

"『Магазин шаговой недоступности』라는 건, '가까이에, 언제든 갈 수 있지만 그 한 발자국을 선뜻 내딛기 힘든 상

• 『Магазин шаговой недоступности』: 『불편한 편의점』 러시아어판 제목. 2024년 7월 AST 출간.

점'이라는 뜻을 주기 위해서 러시아어를 아이러니하게 표현한 제목이에요. 아주 좋은 번역 제목이네요!"

뜻밖에 엄청난 정보를 얻어버렸다. 나는 독자들과 수다 삼매경에 빠진 K를 잠시 빌려 와 러시아에서 온 에이전트에게 소개해주었다. 둘은 영어로 이야기를 나누고, 나는 선수 교체를 하듯 홍콩의 독자들 품으로 뛰어들어 화려한 보디랭귀지를 선보이며 소통을 이어나갔다.

몽콕하문: 로망의 실현

예정된 몇 건의 인터뷰를 마치고 도서전의 꽃, 컨벤션 홀로 K와 함께 들어갔다. 어제 미리 파악해둔 대형 홍보물들과 주요 서점 부스들을 돌아다니며 작가 본인 등판을 알리듯 사진도 찍고, 책도 한 권씩 구입했다. 그리고 어김없이 들려오는 목소리를 따라 그를 스크린 앞에 데려갔다. 김호연은 영상 속 김호연 앞에 서서 부끄러워하더니 결국 도망쳤다.

늦은 점심을 먹고 K의 요청에 따라 몽콕 역에 갔다. 영화인 김호연의 인생 영화 중 한 편인 〈몽콕하문〉*에 등장하는

---

* 〈몽콕하문旺角卡門〉: 〈열혈남아〉라는 제목으로 1989년 국내 개봉한 왕가위王家衛 감독의 데뷔작.

거리를 걷기 위해서였다. 몽콕 역은 예나 지금이나 플랫폼이 참 예뻤다. 키보드만큼 작은 크기의 빨간 타일들 위로 'Mong Kok'이라는 흰 글씨가 변함없이 반짝였다. K는 사람들이 빠지길 기다렸다가 글자 옆에 서서 또 한 번 두 팔을 벌리고 턱을 조금 치켜들었다. 알아서 빨리 사진을 찍으라는 압박이다. 으이구, 찰칵!

촬영을 마치고 몽콕의 거리로 나서 천천히 걸었다. 7월 한여름의 홍콩은 한국보다 더워야 마땅한데, 이상고온으로 한국의 폭염이 지속되면서 홍콩이 더 시원하다고 느껴질 정도였다. 우리는 조던 역 방면으로 걸어 내려갔다. 작은 골목, 큰 골목을 구석구석 구경하며 도착한 곳은 미도찬실 美都餐室. 장국영과 주윤발의 단골 카페였다. 1950년대에 문을 열어 성업 중인 곳으로 홍콩 영화 속 한 장면으로 들어온 것 같은 효과가 만점이었다. 우리는 밀크티와 토스트, 아이스 레몬티를 주문해 먹으며 각자의 홍콩 무비스타들에 대해 열변을 토했다. 『나의 돈키호테』 속 '돈 아저씨'와 '진솔'의 유튜브 채널 부럽지 않은 만담의 시간이었다.

주홍콩한국문화원: 홍콩 교민들과의 만남

다음 날, 소호거리의 주홍콩한국문화원을 찾았다. 이곳에서도 K와의 만남이 예정되어 있었다. 최재원 원장님과 자스민 행정관님을 만나 간단한 면담을 가진 뒤, 약속된 매체 인터뷰를 진행했다. 그리고 홍콩에서의 제2차 작가와의 만남을 가졌다. 물론 오늘도 나는 노 메이크업이었지만 매무새에는 신경을 썼다. 자스민 행정관님의 요청으로 내가 북 토크 사회자로 나섰기 때문이다.

홍콩 국제도서전 출연을 확정하며, 주홍콩한국문화원에 빠르게 연락했다. HKTDC와의 사전 협의를 통해 '도서전 세션 내용과 다른 주제로 홍콩에서 독자와의 만남을 추가 진행할 수 있다'는 허락을 미리 받아두었던 덕이다. 그리하여 홍콩한국문화원에서도 작가와의 만남을 개최할 수 있었다.

문화원 프로그램을 구성하며, K의 이력은 짧고 굵게 정리하고 『불편한 편의점』의 비하인드를 집중 소개하기로 했다.

관객들은 『불편한 편의점 2』에 등장하는 '홍금보' 캐릭터에 주목했다. 사실 속편을 집필할 때만 해도 중화권 출판계약이 확정되기 전이라 홍콩의 무비스타 '홍금보'의 등장은 철저하게 K의 취향에 따른 선택이었다. 훗날 홍콩으로 날아와 독자들 앞에 서리라는 상상을 감히 할 수 없을 때였으니까.

관객의 마지막 질문은 '작가를 꿈꾸는 사람들에게 아이디어를 찾는 법을 알려달라'는 내용이었다. 이 질문은 만국 공통의 궁금증으로 여겨진다. K는 대작가 스티븐 킹의 일화를 소개하며 삽으로 열심히 땅을 파는 시늉을 했다. 관객들은 호탕하게 웃었다. 프로그램 내내 자스민 행정관님과 함께 한국어와 광둥어를 넘나들며 유쾌한 분위기를 유지한 덕분이다.

사인회를 하다 보니 어제 홍콩 도서전을 찾았던 관객들이 또 보였다. 먼저 인사를 건네자 그들도 반갑게 화답했다. 도서전 행사는 영어로만 진행되었기에, 광둥어로 진행되는 문화원의 프로그램을 일부러 찾아온 독자도 있었다. 한국에서 유학했거나 직장 생활을 한 독자들 저마다의 사연도 들었다. 홍콩에 오래 거주한 교민들도 찾아와 K에게 용기를 주었다.

그리고 또 반가운 손님이 있었다. 바로 이미리내 Mirinae Lee 작가다. 그녀는 데뷔 소설 『8 Lives of a Century-old Trickster』를 미국에서 출간해 화제를 모은 주인공이다. 현재 홍콩에 거주 중인 그녀도 이번 홍콩 도서전에 출연하게 되어 엊그제 저녁 만찬장에서 K와 인사를 나눈 바 있다. 서로가 작품의 팬임을 인증하고, 서로의 토크 세션에 참석해 응원을 펼치기도 했다. 문화원 프로그램까지 또 찾아와준 그녀와의 우정은, 이후

• 『8 Lives of a Century-old Trickster』: 2023년 6월 미국 하퍼콜린스 HarperCollins 출간. 2024년 한국에서 『이름 없는 여자의 여덟 가지 인생』으로 번역 출간. 같은 해 8월 한국 작가로는 최초로 윌리엄 사로얀 국제문학상 수상. K 피셜 '놀랍고 놀라운 괴물 신인의 글로벌 데뷔작!'이라고 하니 관심이 가는 독자들의 일독을 권합니다.

그녀의 소설이 한국에서 출간된 후에도 이어졌다.

'2024 홍콩 국제도서전'은 여러 의미로 '영웅본색' 아니 '북 프로모터 본색'을 마음껏 펼친 행사였다.

음악업계에서 오랜 기간 축적한 노하우를 아낌없이 써먹을 수 있었고, 해외 에이전트들과도 교류했다. 모처럼 가는 출장에 하나 이상의 이벤트를 더 엮어 효율성도 높였다. K는 동료 작가를 만나 건강한 연대를 나누었다. 무엇보다 아낌없이 응원해주는 중화권 독자들의 마음을 옹골차게 채워 올 수 있었다.

젊은 날, 추억의 한자리를 차지한 느와르 속 홍콩을 다시 만나는 덤까지!

그리고 한국에 돌아오자마자 또 하나의 섭외 연락을 받았다. 도서전에서 인사를 나눈 '홍콩 국제문학페스티벌Hong Kong International Literary Festival'의 총괄 디렉터 로라Laura Mannering 씨의 메일이다. 2025년 3월로 예정된 페스티벌에 출연해달라는 내용이었다.

나는 어깨춤을 추며 또 노래했다.

별들이 소곤대는 홍콩의 밤거리를 다시 방문하기 위해.

이 '홍콩앓이'는 당분간 계속될 것만 같다.

CHECK OUT

『불편한 편의점』과 지구 반 바퀴

작가와의 만남 끝 무렵, 김호연 작가는 언제나 독자와의 현장 질의응답 시간을 갖습니다.

그중 단 한 번도 빠지지 않는 질문을 꼽자면,

"전업 작가로 데뷔하고도 20여 년간 실패에 실패를 거듭했는데, 그럼에도 불구하고 포기하지 않고 끈기 있게 작가로 살아갈 수 있었던 원동력은 무엇인가요?"

부동의 1위를 차지하는 질문입니다.

그의 산문집 『매일 쓰고 다시 쓰고 끝까지 씁니다』와 『김호연의 작업실』을 읽은 독자라면 알겠지만, 이 질문은 그 자체로 그의 직업적 본질을 꿰뚫는 말이지요.

여기서 주목할 부분은 '원동력'이 아니라 '포기'와 '끈기'라는 두 단어입니다.

작가 김호연에게 '마감'은 존재하지만 '포기'는 존재하지 않습니다. 포기하지 않으려면 '끈기'는 필연적으로 따라붙는 요소이기에, 그는 마감이라는 목표 앞에서 결코 물러서지 않는 끈기의 사나이가 됩니다.

그러나 이 근성은 자신에게만 적용되는 것이 아니었습니다. 그는 주변 사람들에게도 포기하지 말고 가능성을 열어두라 말하곤 하는데⋯⋯ 그 최대 수혜자이자 피해자는, 바로 접니다.

북 프로모터로 살게 되면 업무를 위한 이메일, 각종 공문서 작업을 빼곤 글을 쓸 일이 없을 거라 여겼지요. 그런데 매일, 함께, 같이 북 투어를 하다 보니 너무나 자연스럽게 그 과정들을 글로 써 내려가고 정리하게 되었습니다. SNS 업로드를 위해 혼자 보는 일기처럼 저장했던 기록을 그에게 보여준 저의 잘못일까요? '그다음 내용'을 기대하는 김 작가에게 부응하기 위해 애쓰다 보니 어느 땐 정말 힘에 부쳐 '바빠서 잠잘 틈도 없는데 내가 왜 이걸 쓰고 있는 거지?'라며 되뇌기도 했습니다.

포항에서 작가와의 만남을 마치고 사인회를 하던 중, 한 독자께서 힘든 시간을 보내는 친구를 위해 사인을 해달라며 엉엉 울었습니다. 남해에서 만난 독자 한 분도 김 작가 앞에 서서 자신의 지난날을 돌아보다 주저앉아 대성통곡했습니다. 그렇게 응어리를 풀어내고 나면 『불편한 편의점』 속 '오선숙' 캐릭터처럼 개운한 얼굴로 활짝 웃으며 돌아갑니다.

군산에서는 일가족 네 명이 각각 자신의 최애 버전이라며 편편님의 에디션을 종류별로 가져와 사인을 받기도 했습니다. 개구쟁이 표정의 한 중학생은 '태어나 처음으로 끝까지 읽은 책'이라며 편편님을 가져와 사인을 받았습니다. 오늘 작가와의 만남을 위해 책을 가져오려고 했는데, 없어져서 집 안을 발칵 뒤집고 한참을 찾아보니 '생전 책 읽는 걸 본 적 없는 남편이 화장실에서 키득거리며 편편님을 읽고 있어 빼앗아 가져왔다'며 깔깔 웃는 관객도 만났습니다. 이런 기억을 김호연 작가가 직접 기록하자면 다소 곤란하고 민망하겠지만, 저는 한 발짝 떨어져 경험한 사람이기에 용기를 내 적을 수 있었습니다.

장기 출장 후 데스크 업무에 복귀하면 아프다, 바쁘다며 쓰기를 멈추었습니다. 그럴 때마다 그는 귀신같이 먼저 남편 모드가 되어 살뜰히 저의 컨디션을 챙기고 닭 요리를 섭취시킵니다. 그 후 '지난번 출장은 얼마나 썼냐', '태국은 다 기록했냐', '빨리 읽어보고 싶다' 등 확인을 빌미로 업무 모드로 돌아가 저에게 글쓰기 독려와 조련을 함께 행했습니다. 현실 세계의 저는 북 투어를 기록하는 일보다 출장경비정산서를 작성하고 영수증을 정리하고 챙기는 일이 더 시급한데 말이죠.

그의 미션과 채근에 따르다 보니, 어느 순간부터 하루에 A4 한 장을 쓰는 일이, 어느 북 프로모터의 하루 일과 마무리로 자리하게 되었고, 그렇게 쌓인 기록들이 모여 독자들과 북 투어의 여정을 나눌 수 있게 되었습니다. 이 모든 건 저로 하여금 작가의 꿈을 포기하지 않게 김호연 작가가 용기와 의욕을 북돋아 이끌어준 것이라 믿으려 합니다.

지금도 여전히 많은 도서관과 학교에서 작가와의 만남을 요청합니다. 문의가 오는 순서대로 일정을 조율하고는 있지만, 모든 요청을 수락하기란 어려운 일입니다. 김호연은 한 명뿐이고, 매일 글을 쓰는 것이 직업인 '작가'이기에, 참석할 수 있는 행사의 횟수가 제한적입니다. 그럼에도 불구하고 긍정적인 답변을 드리지 못한 기관과 담당자들에게 늘 죄송한 마음뿐입니다.

허락된 분량 안에서 이야기를 풀다 보니 모든 순간을 다 기록할 수는 없었습니다. 관련 업계에 종사하는 많은 분들에게,

작가를 찾아와준 독자들께 거듭 감사드립니다.

2025년에는 울릉도 북 투어를 시작으로 천안, 청주, 군포, 창평, 삼천포, 밀양, 청도 등에서 독자와의 만남을 진행할 예정입니다.

해외로의 진군도 계속됩니다.

현재 저는 인도네시아 자카르타, 족자카르타, 포노로고에서 동시에 열리는 '2024 Festival Buku Asia'에 참석하기 위해 대만 상공을 지나는 중입니다.

인도네시아의 밀림을 산 넘고 물 건너 빠져나오면, 바로 이어 태국에서 열리는 '2024 BOOK EXPO THAILAND'에도 참석해야 할 것입니다.

2025년에는 『불편한 편의점』의 프랑스어판 『Le Vagabond de Séoul』˚과 영어판 『The Second Chance Convenience Store』˚˚가 출간됩니다.

대부분의 해외 출간은 유럽 진출의 교두보인 프랑스로부터 시작되고, 영문판이 출간된 후 전 세계로 확대되는데……

- ˚ 『Le Vagabond de Séoul』: 2025년 4월 에디시옹 피키에 Éditions Picquier 출간.
- ˚˚ 『The Second Chance Convenience Store』: 2025년 6월 미국 하퍼콜린스, 영국 팬맥밀란 Pan Macmillan 출간.

우리의 편편님은 그 반대가 되어버렸습니다.

    프랑스어판과 영문판의 출간을 기다려준 많은 분들에게 반가운 소식이길 바랍니다.

    편편님의 세계 시장 도전은 더욱 가속화되어 2025년 『불편한 편의점 2』 역시 스페인, 폴란드, 일본, 러시아, 독일 등에서 순차적으로 출간될 예정입니다.

    그에 따라 3월에는 일본 도쿄에서 북 토크가, 5월에는 폴란드 바르샤바 국제도서전과 이탈리아 토리노 북 페어, 6월엔 브라질 리우 북 비엔날레와 상파울루 문학 심포지엄, 7월엔 스페인 카르타헤나 문학제, 11월엔 대만 가오슝 도서전 참석이 예정되어 있습니다.

    우리는 또 갈 것입니다.

    그리고 편편님의 애독자인 당신은, 이미 북 투어의 길동무입니다.

    지구 반 바퀴를 돌아온, 우리가 사랑한 이 책의 경이로운 여행이 한 바퀴를 채워 후속편이 나올 때까지,

    부디 독자님들의 많은 탑승 예약을 기다려봅니다.

감사의 말

『불편한 편의점』을 쓴 김호연 작가님, 책을 펴낸 나무옆의자 이수철 대표님과 임직원 여러분, 해외 판권 진행을 맡아준 KL매니지먼트 이구용 대표님, 부족한 저의 원고를 정성스럽게 검토하고 편집해준 나무옆의자 하지순 주간님과 구경미 편집자님, 이번에도 멋진 일러스트를 그려주신 반지수 작가님, 가슴 뭉클한 추천사를 써주신 김혼비 작가님, 『불편한 편의점』과 K를 초대해주신 모든 분들, 어느 북 프로모터의 이야기에 관심을 갖고 끝까지 읽어주신 독자 여러분, 사랑하는 나의 아버지 김희갑 님, 어머니 박재경 님, 언니 김주리 님, 오빠 김봉진 님, 조카 김이경 님, 조카 김민성 님, 그리고 함께 하늘을 날고 있는 최명자 님에게 깊은 감사를 올립니다.

편편 북 투어 지도
2021.07~2024.07

도서관 Libraries

가평 한석봉도서관

강남구립 대치도서관

경기광주 시립 중앙도서관

고성도서관(경상남도교육청)

공주 기적의도서관

광양 금호도서관

광주 서구 상록도서관

국립중앙도서관

김천 시립도서관

김해 화정글샘도서관

노원구립도서관

당진 시립도서관

대전 원신흥도서관

대전 전민복합센터

마포구립 서강도서관

목포 어울림도서관

부산 강서도서관

부산 수영구도서관

부산 시민도서관

부산 원북원부산(시민회관)

부산 해운대도서관

부천 상동도서관

부평도서관(인천시교육청)

산청지리산도서관(경상남도교육청)

서귀포시 동부도서관

서대문구립 이진아기념도서관

서산 시립도서관

세종특별자치시교육청 평생교육학습관

송강마을 작은도서관

순천만생태교육문화원

아산시 중앙도서관

아차산숲속도서관

안양시립평촌도서관

양구도서관(강원춘천교육지원청)

양산도서관(경상남도교육청)

양주 옥정호수도서관

여수 이순신도서관

여주 시립도서관

연천도서관

완주 중앙도서관

용인 수지도서관

의정부 과학도서관

익산 유천도서관

인천 미추홀북(트라이보울)

전북순창교육청도서관

전주 송천도서관

정선 군립도서관

정읍 시립도서관

제주도서관 별이내리는숲

제주시 우당도서관

제천 시립도서관

종로 청운문학도서관

진양도서관(경상남도교육청)

진천 군립도서관

창녕 영산도서관(창녕문화예술회관)

창원 성산도서관

책 읽는 제주시 올해의 책(우당도서관)

청주 시립도서관

청주시 올해의 책

춘천 시립도서관

춘천 한 도시 한 책(시립도서관)

충북교육도서관

파주시 중앙도서관

평택 배다리도서관

포천 중앙도서관

포항 포은중앙도서관

하남시 나룰도서관

하동도서관(경상남도교육청)

서점 Bookstores

....

가문비나무아래(천안)

교보문고 광화문점

교보문고 대구점

교보문고 울산점

교보문고 잠실점

굴다방 《라만차 클럽》

남해산책 《라만차 클럽》

마음정원산책 《라만차 클럽》

북바이북

영풍문고 광주유스퀘어점

책방 죄책감

최인아책방GFC

한길문고(군산)

Italy Borri Books(Rome)

Italy La Feltrinelli(Milano)

Italy Mondadori Duomo(Milano)

Italy Rizzoli(Milano)

Spain ALIBRI(Barcelona)

Spain La Mistral(Madrid)

Taiwan Eslite Songyan 誠品松菸店(Taipei)

Taiwan Eslite Xinyi 誠品信義店(Taipei)

Thailand B2S centralwOrld(Bangkok)

Thailand Kinokuniya centralwOrld(Bangkok)

Thailand Naiin Mind Space(Bangkok)

Thailand SE-ED Book Center(Bangkok)

축제 Festival

강릉국제영화제 2021

대한민국독서대전(원주) 2022

러브썸 LOVESOME Festival 2023

목포문학박람회 2021

서초책축제 2024

중구북페스티벌 2022

Festiwal Książki Opole 2024

Hong Kong International Book Fair 2024

K-Book Exhibition in Thailand 2023

기관 Cultural Institutions

갤러리아문화센터 광교

갤러리아문화센터 대전타임월드

교보문고 대산홀

국립극장해오름 북라운지

국립아시아문화의전당

금산다락원

남해유배문학관

메리츠화재 북클럽

삼성전기 다독다독

서대문구청

수원시미디어센터

Centro Cultural Coreano en España

CJ O'PEN

Korean Cultural Center in Hong Kong

Korean Cultural Center in Thailand

학교 Schools & Universities

거제고등학교

계명대학교

고려대학교 세종캠퍼스

고려대학교 의학도서관

군산여자고등학교

군포중앙고등학교

나전중학교(정선교육도서관)

대진디자인고등학교

동래여자중학교(부산)

무안고등학교(전남)

분당중앙고등학교(성남교육지원청)

브니엘고등학교

설악중학교

속초중학교

수성고등학교(대구)

시흥정왕중학교(경기교육지원청)

신라대학교

안산대학교

양일중학교(양평)

양주고등학교(경기)

연세대학교 미래캠퍼스

영광여자중학교(전남)

영광중학교(전남)

외동중학교(경상북도교육청외동도서관)

용남고등학교(계룡)

용암중학교(성주)

우석대학교

인제대학교

전남대학교 광주전남Talk 올해의 책

전북대학교

지평고등학교(양평)

천천고등학교(수원)

청주고등학교

포천경북중학교

하늘고등학교(인천)

한국과학기술원KAIST

한밭대학교

함백중학교(정선교육도서관)

L'Università per Stranieri di Siena(Italy)

기타 Other Venue

늘북 with GS25신림난우점

마두산책북클럽《라만차 클럽》

아프리카TV 경선샘

인천시 초등학교 교장회

청파북앤티

ALWAYS BEER by 생활맥주

불편한 편의점 북투어

초판 1쇄 인쇄 2025년 6월 23일
초판 1쇄 발행 2025년 7월 3일

지은이 김미쇼
펴낸이 이수철
주　간 하지순
편　집 구경미
디자인 박예진
영업관리 최후신
콘텐츠개발 전강산, 최진영, 하영주
영상콘텐츠기획 김남규
관　리 진호, 황정빈, 전수연

펴낸곳 나무옆의자
출판등록 제396-2013-000037호
주소 (10449) 경기도 고양시 일산동구 호수로 358-39 동문타워1차 703호
전화 02) 790-6630　팩스 02) 718-5752
전자우편 namubench9@naver.com
인스타그램 @namu_bench

ⓒ 김미쇼, 2025

ISBN 979-11-6157-233-8　03810

* 이 책의 전부 또는 일부 내용을 재사용하려면
  사전에 저작권자와 도서출판 나무옆의자의 동의를 받아야 합니다.
* 잘못 만들어진 책은 구입하신 곳에서 바꾸어드립니다.